イエス・キリストについて

M.ルター博士の説教

トルガウの宮廷において
説教されたもの

ウィッテンベルク
1533年

〔凡例〕

1）オリジナルは印刷された表紙そのものから始まっているが、今回ルーテル学院大学図書館が入手したものには、これに保存のためになにも印刷されていないカバーが1枚糊付けされている。できるだけオリジナルに近い復刻版とするためにはこのカバーをはがし、綴じ方も精査して、それに準じた綴じを試みる可能性もあったが、オリジナルを壊さないために、それを行わず、現状のままに近い形での復刻版とした。

2）復刻版から分かるように原文には頁は付記されていないが、丁合いのために4葉毎にA、B、C、D、E、F、G、H、J、Kの10のアルファベット記号がそれぞれの最初の頁右下に印字されており、さらに偶数頁(つまり葉)毎に(i)、ii、iii、(iv)と付記されている。実際には表紙にはAの記号はなく、本文の最初の頁下のAiiから始まり、Bの場合はB、Bii、Biii、(欠)からC、Ciiと続いて、以下Kまで40葉であって、今日の頁数では80頁であることがわかる。

そこで訳の方には頁の終わりについて、それに相当すると思われる箇所の訳文中に／を入れ、欄外に原文どおりの印字でAiiなどと添え、記号のない場合には訳文中のみに／を入れて、原文と訳文の照合が容易になるように試みた。

3）聖書の節番号は当時まだ付されていなかった。[　]で括った節番号は、訳者による補いである。

われわれの主イエス・キリストについての信仰の主要条項

マルチン・ルター博士により説教され、講解されたもの

私はキリストについての信仰の条項に関してしばしば多くを説教し、書いてきたが、なんどやっても、われわれは違った具合に、また、よりよく説教できないし、喜んで聴こうともしないので、私は今またこれについて語り、いくつかの部分を取り上げたいと思う。それは以下のような言葉で順に並んでいる。

そのひとり子、われわれの主イエス・キリストを私は信じます。主は聖霊によって宿り、おとめマリアより生まれ、ポンテオ・ピラトの下で苦しみを受け、十字架に付けられ、死んで、葬られ、陰府に降り、三日目に死人の中から復活し、など／

創造についての第一項においてわれわれは、どのようにして神がわれわれを創造なさったか、また、われわれにすべての被造物をお与えになったかなどを学んだ。しかしこの第二項は今われわれに、われわれが第一の創造の後、忌々しい悪魔によって全く罪に堕ち、殺されてしまった後で、いかにして再びわれわれが新しい被造物となったかを教える。あの悪魔こそが、その偽りによってわれわれを欺き、神の被造物を全く無にしてしまい、われわれが神から捨てられて、永遠に死に、滅びざるをえないような状態に至らせた後のことである。神から離れたものは、既に永遠に堕ち、滅びるからである。それだから、われわれが滅びと死から取り戻されて、以前そのように創造されていたのに、アダムの堕罪によって失ってしまった、永遠のいのちへと再び新しく創造されること、また、このことが神の愛するみ子イエス・キリストによって起こったことを、われわれはこの第二項において信じ、告白するのである。み子はわれわれのためにご自身の血を流し、そのようにしてみ父に従順であり、われわれを愛して、われわれを陰府の呪いと悪魔の力から贖い出し、われわれを天の永遠のいのちの中へと移してくださったのである。

われわれのためにはこんなに軽くことが運び、このように強力で、大きな働きがみことばと信仰のみによって打ち立てられるとは、誠にすばらしいことである。すべてはここに掛かっている。人がこれを理性をもって見ようとすれば、／全く辻褄が合わない。なぜなら、われわれが目で見、自分のからだで感じ、経験していることは、全世界が死に、滅びてしまうということだからである。われわれが見回す限りでは、全人類が全くの無に向かって突っ走り、そこから戻ってくることがないという以外のものを見出さない。特に地上の哀れで、惨めなキリスト者はと言えば、悪魔が食い尽くすかのように彼らを苦しめ、責めさいなむから、彼らはぼろぼろにされ、粉々にされ、駆り立てられて、塵も残らないと人々が見るほどである。ところが、われわれが今日をもって見ているように、土で覆われ、埋められ、粉々になっている彼らが、再び戻ってきて、生きるということが、こんなにも容易に起こるというのである。それも、この哀れな、過ぎ行くからだをもってではなくて、遥かに栄光ある、高貴なからだをもってなのである。だれもそうするわけではないし、いかなる医薬も人間の助けもそこに加わるわけでもなく、だれかがからだを掘り出したり、再び集めたりするわけでもない。われわれがここで語り、ゆりかごの子供たちでも掻き集めることのできることば以外のものによってではない。このことばによって、このようにすばらしいことが打ち立てられるのである。こうしてすべての死者も、惨めに殺され、死に、虫や蛆に食われ、地上でこれほど恥ずべき、臭いものとなったわれわれも、このように栄光ある姿で、死から再び立ち戻り、太陽よりも美しく、明るく輝くのである。

イエス・キリストを私は信じます、などという、このことばこそがこのような力をもつ(とわれわれは信じる)。こ

A iij れは、／人間の息と共に止み、消えていき、取るに足りないように見える。また、教皇の下にあろうと、われわれの仲間であろうと、だれでもが口にできる共通のものでもあるが、僅かの者に正しく信じられもすれば、手酷く軽んじられもする。特に、人がこれを理性をもって考察したり、われわれの知恵をそこで小賢しく働かせると、理性はこれを理解しない愚か者となり、これを単なるおとぎ話と考えるようになる。こうしたことは今や、どこかの国では当たり前のことになっていて、この条項については人々はもはやなにも信じないようになっており、さらにわれわれの人々の間でも、多くの者が既にこのような知恵に学んで、これを単なる笑いものと考えている。特に、アダムに由来し、それ以後地上に生まれるすべてのものを、唯一の人キリストがこのひとつのことばをもって再び地から呼び戻し、これがわれわれの行いなしに容易に起こり、いかなる力も権力も手段もこれに加わる必要がないと、われわれが言うからである。

それゆえこれは、この条項を真剣に信じ、これが起こったとし、真実そうなると、神の恵みにより確かに希望をもつキリスト者のためのみに語られる説教である。そうでなければ、これまでいつもそうであったような状態が続くことであろう。つまり、たとえ聴いて、自分でもそう口にしても、この説教はこの世では無となるのである。しかしながら、たとえ神の愛する子らとして信じる者がどれほど少なくとも、われわれはわれわれ自身のために説教しなければならない。この世も農民も市民も貴族も悪魔のものであるから、神はこれらなしで、信じる僅かの者を貴重な宝石として、その指でしっかりと摑んでトルコ人の手から救い出し、他の群れは／あるがままの砂利石に留まらせ、悪魔がそれをもって鋪装し、その上を陰府へ突っ走るがままになさるであろう。

さて、神のひとり子、われわれの主イエス・キリストを私は信じます(とキリスト者は言うのだが)、この条項におけるこれらの言葉がなにを言い、なにを意味するかを今見ることにしよう。ここには、キリスト者だけがもち、理解し、全世界は知らず、理解しないキリスト者の知恵と生き方とがある。すなわち、これらの言葉が言い、与えるすべてのことをわれわれが信じ、心に確信しているのである。まず、人であるイエス・キリストがみ父の唯一の、真実のみ子である、などということである。なぜなら、「ひとり子」という言葉をもって、主は神のすべての子らから分かたれ、区別されて、神はほかにこのようなみ子をおもちにならないからである。ほかに聖書におけるすべての天使は神の子らと呼ばれている。ヨブ記の最初の章［1章6節］、また、最後の章［38章7節］において、神ご自身が「すべての子らが私を賛美したとき、あなたはどこにいたのか」と言っておられるとおりである。これはすなわち、まだいかなる人も創造されていないが、天は既に神の子らで満ちていたということである。このようにまたわれわれも、洗礼を受けるならば、神の子らと呼ばれる。聖書はヘブライ人への手紙第２章［10節］において、「このみ子によって神の子らの多くが栄光へと導かれる」と言っているとおりである。しかし、神のひとり子と呼ばれる、この主キリストなしにはだれもそうならない。それだから主は、天使や人間の両方よりも、より高い、より高貴な生まれをおもちなのである。天使も人も、確かに神の子らと呼ばれ、神をみ父として呼び求めているが、／その一人として「私の父よ」と言うことはできず、一緒になって「われわれの父よ」と言わねばならない。あるいは、たとえある人が「私の父よ」と言っても、それは自分だけのことだという具合には言わない。キリストのみがひとり子と呼ばれ、由来や生まれにおいて彼と同じものや、彼と並ぶものがいないのだから、主は生まれに従ってすべての聖なる天使や被造物の上にあらねばならず、だれも、主が「父よ」とお呼びになるようには、み父を呼んではならないのである。

　ところでさて、われわれが信じているこの条項はこうである。キリストはみ父と共に真の、真実の神であられるが、み父と同じ位格ではなく、別の位格である。そうあらねばならないのであって、全聖書はひとりの神以外にはおられないと証ししており、それゆえ（キリストの）別の位格は、ひとつの神的な本質の内にみ父と結合していなければならない。つまりふたりの神を作ったり、別々の神的な本質を作ったりしてはならないのである。しかしみ子は神と同じ本質と尊厳にありながら、別の位格であり、こうしてみ子がみ父から永遠の内に生まれたのであって、み父がみ子から生まれたのではない。

しかしこれはまた、キリスト教界の初めからなお(この世の)終わりに至るまで賢いこの世によって支配され、侮られており、人が理性をもってこの中に入り込み、これを考察しようと思えば、危険なしとしない条項である。高ぶって、(おのが)考えをもって天に潜り込み、三つの位格が/ひとつの本質であるということがどのようにして可能であろうかと、とらえ、計ろうとするすべての者は、この点で堕ちてしまう。しかも彼らは地上で最高の、最も賢い人々であって、加えて剣をもかざして、信じる者たちの敵となって迫害し、苦しめ、しかもキリスト者と呼ばれたいと思っている。彼らは、キリストがみ父と同じと信じられて、ひとりの神以上のものが作られることを認めるべきではないとし、キリストが神のみ子であることは認めながら、唯一の本質と神性に従ってではないとする。これは今でもトルコ人にとってはおかしな話ではないのである。われわれキリスト者がひとりの神を説教し、信じながら、加えてもうひとりの神を作っているからというわけである。「ああ、ひとつの家に二人の主人がいてはならないし、ひとつの国に、同時に治めようと思う二人の君侯がいてはならないのであって、ひとつの統治と一人の君侯がいなくてはならないのだから、神もひとりでなければならない」(と彼らは言う)。

さて、こうしたことはどこから考え出されるのだろうか。美しくも、賢い理性からである。理性は薄暗い提灯の光で

ことを見て、ひとつの巣箱に二羽の雌鶏は合わないとか、
ひとつの権力に二人の主人や君侯は合わない、両者は互い
に忍び合うことはできず、一方が他方を押さえ付けること
になるからだ、と言うのである。これは美しい考えで、だ
れもこれを否定できない。全く合いそうにないし、まさし
くそのとおりだからである。しかしそれが家や君侯領を離
れて、その考えだけが飛んで行き、神の本質の中へと色づ
けし、どんな人もなにか聞いたり、見たりしたことのない
もの、どんな人の心にも浮かんだことのないものについて
判断しようとするならば、それは合うこともなく、ぴった
23 りいくはずもない。／それにもかかわらず彼らは愚か者で、
二人の人が同じ権力をもって支配するのは合わない、とい
うような考えにだけ留まり続ける。人々が被造物の間では
そうしたことを理解し、毎日眼前にしているからなのだが、
どんな人も知らず、すべての念いを超え、すべての被造物
の外にある本質の中にこれを持ち込もうとするのは正しく
ない。われわれはこれを嗅ぐことも、味わうこともできず、
ただ上から下って、宣べ伝えられるのを受けねばならない
だけだからである。天から来るこうしたことばを信じ、こ
れに依り頼もうとせず、地上の家政や統治に従って、すな
わち、われわれが見たり、経験したりしたことに従って、
自分の頭で推し量ろうとするというのでは、既にすべてが
逆さまになっていて、真理の代わりに全くの偽りを定めて
いることになる。

だから、正しくことを運ぼうとする人であれば、ここで

は「私は信じる」と言っていることに注目すべきである。正しいか、正しくないか、結論付けたり、判断したりしているのではない。あなたが判断しようとするならば、あなたには信仰は必要ではない。信じる者は判断せずに、判断を受けるのであり、他からの判断に身を委ね、実際こう言うのであろう。すなわち、「私はこの点については愚か者で、なにも分かりません。それについてはなにも見たことも、聞いたことも、経験したこともないからです。しかし、神が語られるので、そのとおりだと私は信じ、みことばに従います。私の考えや理解は無といたします」と。このように彼はみことばによって判断されて、そこに身を置くわけであって、自分の理性や理解によるのではない。こうしない者は、信仰についても神についても神のものであるものについてもなにももつことなく、なにも見えないのに、／見たことも、感じたこともない太陽の色や光について判断しようとすることになる。

自分の考えで神の本質についてなにほどかのことを得て、神とはなにかについて語ることができる者があるとすれば、聖書をもっているユダヤ人こそがこれを得たことであろう。同じく、異邦人の内の学者や賢人たちは、このために多くを費やし、日夜このことに思いを潜め、被造物の外にあるはずのこと、神は存在するかなどについて考え抜いてきたが、なにをどんな具合にと考えて、これを果たしえず、これが神であるとか、神はこうであって、こう生きる、などということのできるほどには至らなかった。それでなければ、彼らはそれを止めることなく、すべての本をこうしたことでいっぱい汚したことであろう。いかなる人も自らの理性や念いによってこれに至ることなく、天からのみことばによって啓示されなくてはならないのだから、これからはもう理性には止めが刺されたわけで、なにも分からなくなり、これに身を委ねるしかない。「おまえが賢くありたいと思えば、私は下の地上であなたに十分なものを与えよう。牛や家畜や馬、また自分の家、子ら、家僕、町、国や人民を治めるがよい。そこでおまえの知恵と生き方とを十分に用いるならば、両手にいっぱいのものを得ることであろう。喜んで正しく治めようと思った者たちみなに起こっているとおりであって、すべての知恵や理性をもってしても、足りないくらいなのだ」(と神は言われる)。

　だが、自分の賢さをもってしては到達することのできない事柄においては、私は自分の賢さをしまっておいて、
Bij 「私はそのことを知りませんし、分かりも／しません。
しかし、上から音がし、私の耳に響いてくるものを、私は聴いています。それはいかなる人間が考え出したものでもないのです。キリストがみ父と共に神の本質をもっておられると、私は聴いています。しかもひとりの神以外にはおられないということも真実なのです。どこで私はこれを手で摑まえ、究め、とらえ、あるいは結論付けるというのでしょうか」と言わねばならない。それは耳には滑稽に聞こえ、理性には入って行かない、いや、入って行くはずがない。しかしこれに対して私は「私が天から響くものとして

みことばを聴くならば、たとえとらえたり、理解したりできなくとも、2足す5は7だと理性でとらえることのできるようには、頭に入っていかなくとも、私はこれを信じます。だれからも示唆を受けようとは思いません。神が上から、違う、それは8だと言われるとしても、私は私の理性や感情に逆らってこれを信じることでしょう。よろしい、私が裁きたいというのであれば、私は信じる必要はありません。しかし私は、裁き、判断なさる方を信じたいのです。私はここに留まり、ここで死にたいのです。私は、私より賢いと思う方、私よりよく数えることのできる方にお任せしようと思うからです。たとえ私にできても、私はこの方を信じて、この方を役に立てたいのです。たとえ全世界が違うことを言っても、この方の言われることが真実であるべきです」と言うべきであろう。

　二つの位格がひとりの神であることを、たとえ理性は認めることができなくとも、あなたもここでそうすべき（信ずべき）である。このこと（二つの位格がひとりの神であること）は、2が2ではなくて、2が1であると私が言ったことと、同じ趣である。そこではみことばと理性とが互いに相逆らっているのだが、理性が試験に合格し、裁判官か博士になっているわけではなくて、帽子を脱いで、／「2は1です。たとえ私が見ることも、理解することもなくとも、私はそれを信じます」などと言うべきなのである。なぜであろうか。それが上から下って語られているからである。それが私から出たり、理性がこうした言葉を語ろうとするのであれば、いかなる人も私を説得して、私が信じるように至らせる必要はないであろう。数学を鼻先にかざして、これをとらえ、これに屈するように示せばよいわけである。しかしさてこれは天から下って響くものであるから、それが私に告げること、すなわち、2、いや実はみなで3の位格がひとりの、真の神であって、二人や三人の神々ではないことを私は信じたいのである。このことをもって私は神を崇め、神に仕えたい。神に対しては私はそう信じ、三つも数えることのできない愚か者であると、判断を受けるべきなのである。もっとも下、この地上においては私はきっちり三つを数え、そのわざをだれからも教えられる必要も、三つ数えられるかどうか、判断を受ける必要もないのだが。

　さて、聖書もこの条項もわれわれをここまで導いて、このキリストは神のひとり子であって、天にも地にも同じみ子はほかにいないと、私が言わねばならないようにする。み子がみ父と同じであって、み父が創造し、お造りになったものは、み子もそうなさったものであると、全聖書が証ししているからである。要するに、聖ヨハネがその福音書において示して、み子は神のすべての働きをご自身にお引き受けになり、み父が崇められるのと同じく崇められようとなさる方であり、至る所でご自身をみ父と同じくされる、と言っているとおりである。いかなる天使も人間も自分のものとすることのできないこのようなことばを私は信じて、
B iij ／み子は真の神であって、み父と同じく高く、力あり、永

遠で、全能であられる(と告白する)。神がなさることを、み子もなさり、神が生かしめるものを、み子も生かしめるからである。このように二つの位格の働きは一つであり、しかも別々の位格である。そこにはひとりの神の権能、ひとりの神の本性と本質以外にはなく、これは決して分かたれることのできないものなのである。

これこそはキリスト者のあり方であると、私は言う。これはいかなる人間の心にも入っていることではなく、聖霊によってそこへと書き込まれねばならないことであって、私が言ったように、これについて確信をもとうとする者は、賢い理性を閉ざし、傍観させねばならない。たとえこの世の賢さがこうしたことを笑い、嘲り、そう語らせ、自分がいかに賢いかと言おうとも、賢い理性はこの事柄に関しては三つを数えることができず、また、終わりの日に至るまで学ぶことができないであろう。われわれキリスト者は、三つを数えることができるように、日毎にこれを学び、「3は3ではなく、1であり、しかも3である」と言わねばならないのである。

これはすなわち、み父と同じように、真の神であるひとり子がおられるということである。両者の間にわれわれはみ父が永遠に生む方であり、み子が永遠に生まれる方であるという以外には、なんらの区別をもするすべを知らない。なるほど神学者たちは、それぞれに固有の位格を帰しはするが、結局それ以上には区別しえないで、これに留まらざるをえないということに決したのである。つまり、第一の位格はみ父と呼ばれ、第二の位格はみ子と呼ばれて、これはみ父の永遠の本質をもち、み父はみ子にこれを永遠にお与えになったという以外の区別はないということである。／人々はこれ以上には考え出すことも、とらえることもできず、たとえいろいろと思弁してみても、いよいよ暗く、いよいよ少なくしか理解できないものなのである。私とて鋭く思弁したいところだが、たとえ死ぬほどに考えてみたところで、私が聴くほど以上には、行き着くことができないのである。

それゆえ神は、この条項がことばのみによって保たれることをよしとなさり、すべての悪魔やこの世が、この条項を当然のこととして攻撃するとしても、それをそのままにしておき、キリスト教界にこれが存続することをお認めになった。それだから私も、ここに留まり、信じ、これ以上に知ったり、考えたりせずにいようと思う。なにかしようと思えば、確実に深淵に落ち込んでしまうことであろう。天を貫いて神を掘り探り、その部屋にまで入り込んで、そこで神がなにをなさっているのか究めたいと思うよう、私も誘われ、教えられたものだからである。しかし私は、自分がなにをしたのか経験もした。要するに、「私は信じる」とここで学ぶことば以上のものではない。たとえあなたが己を苦しめて考え抜いても、これ以上のものは生じはせず、心痛以上のものはもたらしえず、なにも見出さない。それはすべての被造物や念いや理解を超えて高いものだからである。こういうことである。神が語られることは真であり、人は神の知恵と人の知恵を分けるべきだということなのである。この条項は神の知恵によれば真であり、私の知恵によれば真ではない。もし私がこれに逆らって小賢しく振る舞おうとすれば、神の知恵も人の知恵も両方とも失うことであろう。神はここでご自身が唯一師であられ、われわれをひたすら弟子とし、われわれはなんら論じることも、小賢しく振る舞うこともせずに、ひたすらこれに「然り」と言うことをお望みだからである。／

このようにわれわれは、この条項のキリストの神性についての最初の部分をもつ。これは「ひとり子」ということばだけでなく、「私は信じる」という最初のことばをも強め、証明する。一体私はだれに向かって「私は信じる」と言って、その相手への私の信頼と、心の確信を置くのだろうか。その方は私の神以外にはない。人間の心は神のみ以外のなにものの上にも信頼せず、立つべきではないからであるし、聖書も至る所で、人間への信頼を罰して、そういう者どもは失敗し、潰え去ると示しているからである。(詩編第116編［11節］は言うが)「すべての人は欺く者である」。つまり、偽るのである。すべての人は自ら定めることを守ることも、行うこともできず、これに信頼する者は滅びざるをえない。たとえ人が見て、理性がこうしたことを経験から証ししても、詩編第146編［４節］が言うとおり、「人の霊は去らねばならず、土に帰らねばならず、彼の思いはすべてなくなる」のである。人はこのように不確かないのちをもっており、一時たりとこれに確信がもてないのだから、この上に確かな根拠を置き、これに信頼することは不可能である。こうしたことを理性自身も教えており、聖書が確証している。信仰や心の信頼はいかなる人にも帰せられるべきではなく、だれも真の神以外に帰属することはない、と。神のみが永遠で不死であり、さらに全能であって、欲することをなさることができるからである。それゆえ信仰はこの方の上に立ってこそ、確かであり、確実である。神は仕損じることも、失敗することもなく、いわんやまして、／ご自身が落ちることもない。このように今これをもってひとりひとりのキリスト者がもう一度、キリストは真の神であると証しするのである。キリスト者はキリストの上に根拠を置き、信頼を置くからである。そうでなければ彼は正しいことを行っておらず、最高の偶像礼拝者となろう。信頼し、信じるということは、唯一、最高の神礼拝であるからである。これに比べれば、他のすべての外的な奉仕は子供の遊びのようなものである。神は、神を信じることのできる心以外のものをお求めではない。

さて、これまたイエス・キリストについての第二の部分が続く。われわれが唱えるところによれば、

われわれの主イエス・キリストは聖霊によって宿り、おとめマリアより生まれ、

ところでこの条項は理性にとっては大いに馬鹿げたものとなる。この世はこれに対して気も狂った、どうしようもないものになろうとする。特にユダヤ人はそうである。このみ子がみ父と聖霊と共にひとりの神であるということに対して、しかもみ父や聖霊ではなく、この位格、すなわちみ子がひとりの人に宿り、生まれたということに対してそうなるのである。ひとりの神、高い尊厳(の方)がひとりの人であって、／被造物と造り主の両方がこの一つの位格 C
にここで集中することは、ああ、笑うべきことであって、理性は全力を挙げてこれを遮る。すなわち、この位格が同時に人であって、ひとりの人が、女が子を生むという、まさしく自然の誕生によって生まれ、真の肉と血をもっており、すべての肢体をもち、自然の姿をして(罪がなく)、人が地上に生まれるのと同様に生まれ、乳を飲み、おしめをし、自然の母をもち、ゆりかごであやされ、食べさせ、飲ませてもらうなど、他の子供とすべての点で同じだ、ということを認めえないのである。そうならばわれわれは全くの愚か者となり、理性を晦ませ、これを虜《とりこ》として、まさにこの人がまさしく真の神であり、この方以外に神はない、ゆりかごにいる、あるいは母の腕か胸に抱かれている赤ちゃんが、本質においても位格においても神であると言っているのだ(と罵られる)。

ここでは先ずわれわれから賢い考えが奪われ、妨げられねばならない。そうしないと、理性は天へとばたばた飛び上がり、神をその尊厳において求め、神が天においてどのように支配しておられるかを究めるなどするからである。その目的はここに隠されている。すなわち、私は、全世界から走り出て、ベツレヘムのけもの小屋と飼い葉桶に行き、そこに寝かされているか、マリアの胸に抱かれている赤ちゃんに会うのである。すなわち、理性は全く弱くされているのである。第一の部分はあらゆる計りを超えて高いものであって、理性は自ら、「ワレワレヲ超エルモノハ、ワレワレニナンラ関ワリガナイ」、「あなたにとって余りにも高過ぎるものは、究めないままにしておくがよい」と考えたくなり、それに容易に絶望して、捕らえられるがままになる。しかしここではこれは私の眼前に降りてきて、私は母の胸に抱かれている赤ちゃんを見る。／世話を受け、乳を飲み、抱き上げられ、他の子供と同じようにあらゆることをしてもらう。そこで理性は自らとも、あらゆる念いとも戦わねばならなくなる。「ここに寝かされているのは人間だ。他の子供と同じように生まれ、他の子供と同じように生活し、他の人間と変りのないあり方や働きや振る舞いをしている。この被造物が造り主ご自身であられるなどと、どんな人の心にも思い浮かばないであろう。こんなことを思い付いたり、念い抱いたりした賢人はどこにいるであろうか。さあ、彼らを来させて、神と神の事柄について彼らの知恵と高い理解とを誇らせてみようではないか。そうすれば、すべての理性は服して、その不明を告白し、（その結果）好んで天に這い上がり、敢えて神のことを推し量ろうとし、しかも、眼前にあるものには気がつかないことなどできなくなる。
　それゆえ人はここであらゆる理性と念いに逆らい、「これは私の愛する子である」などという、天から啓示されたみことばにのみ依り頼まねばならない。キリストの誕生の際には天使たちが羊飼いに告げたが、羊飼いたちは、これまでだれも理解したことも、理解できたこともないことを知らされた。普通の人間が本当に宿り、おとめの肉と血とから生まれたのだが、さらに加えて、（いかなる男もこれに関わることなく）ひとりの人が宿ったのであって、これはまさしく真の神である、ということである。そこでは聖霊のみが師であり、教師であらねばならない。そうでなければ、なにも起こりはしない。そこ（聖霊が師でないところ）では理性がその知恵をもって戦い、／こううそぶくから C ij
である。すなわち、「どうすれば神が人であり、被造物が造り主であることができようか。『陶器が陶工であり、靴が靴屋である』と私が言おうとすれば、どうして辻褄が合おうか。だれがこれを信じようとするだろうか。あるいはなにをもって人はそこへともっていけようか。陶工自身が壺であるようなものは、私にとって変なものであろう。壺自身がどのようにして自分を作りうるのだろうか。壺は陶工によって作られるのであって、陶工が壺によって作られるのではない」と。それでもなおわれわれはここで、「造り主であって被造物である神が位格的本質である」ことを信じて、こう言わなければならない。「私が人間のわざに至って、これを問うならば、親方とその作品とが同じでないことは確かである。このことを私は眼前に見ており、これを信じる必要はない」と。しかしここでは私はほかの仕方で学ばなければならず、こう言わねばならない。「私は確かに、造られ、人から生まれたひとりの人を見ている。それでもなお、この子、もしくは被造物が造り主ご自身であることを、見ても理解してもおらず、聴いているだけなのだが、確かに信じなければならないのである」と。

さてあなたが「そんなことは辻褄が合わない」と言うとすれば、答えは「もちろん辻褄が合わない」である。私がこう言うのは、理性に従っては、あるいはあなたの頭の中ではまた人間のわざとしては、辻褄が合わない、ということである。だが信仰において、また、神のことばに従えば、これは辻褄が合うのである。見よ、「今日あなたがたのために救い主がお生まれになりました。この方は主である、キリストです」などと愛する天使が歌うのをあなたは聴いているからである。天使は彼を(自分たちの)僕とは認めず、彼らの主と認めるのでなければ、こうは言わなかったであろう。彼らが彼を主と呼ぶ以上、彼は天使よりも高く、／すなわち神ご自身であらねばならない。天使はわれわれ人間を主とは呼ばないからである。このことばに人は従って、ひたすらこれに留まらねばならない。これはわれわれによって考え出されたものではなく、天から下って流れ出てきたものであって、われわれの頭の中で辻褄が合うように把握されることを求めるものではない。これは真実であって、われわれの理解を超えて神にとっては、神のお造りになったものとしてのこの人が造り主ご自身であって、その本質において永遠に分かたれることも、区別されることもないということが全く符合するものであることを、信じるべきなのである。主ご自身がフィリポに向かって、ヨハネによる福音書第14章［9節］において、「私を見る者は、み父を見るのである。私がみ父におり、み父が私におられることを、あなたは信じないのか」と言っておられるとおりである。こうして主は目をご自身に留めさせ、なにかほかのものを見たり、うかがったりしないようにおさせになったのである。このみことばに依り頼もうとすることなく、賢ぶり、推し量って、神と人とがひとりの方であられるということが、どのようにすれば辻褄が合うのかなどと考える者は、いよいよ賢ぶって、これに関して自分が得るものを見ているがよい。このことについて愚かになっている者(賢ぶって、辻褄合わせをしている者)が多くいるが、それでもなお、この条項は存続する。悪魔は、たとえこれが真であると知っても、なんら邪魔されたとは思わないのだが、われわれはこれを(理性をもって)知りも、理解もせず、(悪魔のたくらみを)笑い嘲ろうとするばかりである。

それゆえ要するにこういうことである。われわれが主人となり、われわれが辻褄合わせをすることを、主はお望みではない。われわれが信じること、これに栄光を帰すことをお望みなのである。ここでは主のみが賢くあられ、われわれはそのみことばに従うべきなのだが、それは理由のないことではない。／われわれは自ら見て、信じ、(神を賛 Ciij

美すべきだが）、どのようにすれば壺が陶工ではないのかを、賢ぶり屋に教えられねばならないほど粗野でもない。また、1は3ではなく、3は1ではないとか、人は神ではなく、造り主は被造物ではないとか結論するほどの理性はもっている。彼らがわれわれに多くを教えようとすれば、われわれが以前に知っており、いや、彼らぐらいには理解していること以上を教えはしないのである。それだからわれわれはこう言う。「陶工や靴屋、また、理性が判断すべきだし、判断できることについては、それは真である。しかし、われわれの頭から生じたことでなく、神のことばであるものにこれを当てはめようとすれば、それは正しくない。それはまさしく兜を脱いで、これに『然り』と言い、われわれの理解からは出て来ないものを真としなければならないということである。要するにここでは知ろうとか、理解しようとせずに、3は1ではないとか、壺は陶工ではないとかと、自分の頭の中の自分のわざでは、自分は愚か者だと考えるがよい。われわれは今別の高度の学校にいるのであって、そこでは、私や、あるいは人間が知ったり、理解したりすることではなく、神ご自身が語り、教えられることを学ばねばならないからである」と。

第二部

これまでわれわれは、この方がどういう方であり、われわれがどういう方を信じているのかについて、聴いてきた。すなわち、主は真の神であって、人である、ということである。これは人が考え出したことではなく、天から与えられたものであって、それゆえに理性をもってはとらえることができず、堅い信仰をもってとらえ、保たねばならないのだ、そうでなければとらえられないし、保てないと、私は言った。このようにして人は、理性と人間の知恵とがわれわれに教えることと、天から啓示される神の知恵とを互いに遥かに引き離さなければならない、(とも言った)。さてわれわれは、この方がどのような類いの働きをなさったのか、あるいは、われわれがこの方を信じるゆえんの、その務めはなんであるのかを告白し、われわれがこの方からなにをいただいているのかを学ぶのである。われわれはこう言う。

われわれの主は聖霊によって宿り、おとめより生まれ、苦しみを受け、十字架に付けられ、死んで、葬られ、三日目に再び復活した、など／

これまた、人間が考え出したり、見つけ出したことばではない。なるほど地上のユダヤ人全体が、彼は十字架に付けられたと聴いたし、主自ら十字架に架かったわけだが、彼らがこれを認識し、理解したと、人は考えるべきではない。これは依然として、十字架に架けられている人がどんな類いの方であり、なぜ十字架に付けられているのか、いかなる人も認識できない、隠されたことなのである。このような方が私のために生まれ、十字架に付けられ、死なれたなどということを信じるのは、人間のわざではないからである。歴史を学び、他の場合と同じように、史実や他の歴史を信じて、これについて語るすべを知っている(教皇派の者や偽りのキリスト者でもそれはできる)ということに、なお加わるべきものがあるのである。心が「私は主キリストを信じ、信頼します。主は私のために、いや全世界とすべての罪人のために生まれ、苦しみ、死に、復活なさったのです」と言うならば、聖霊のみが与えなければならない認識である。主がこうしたすべてのことを私のためになさったということを、いかなる人間の心も考え出すことはできないからである。主がこれらすべてをわれわれ人間のためになさって、これが私にもあなたにも当てはまるのだと信じるならば、私も私にできるすべてのことも滅びると、私は直ちに告白しなければならないのである。

そこに衝突が起こり、争いもすべての異端も始まる。／この世のすべてのことは無であり、滅びるということを人が語り、信じるべきだということになれば、この世はこれを認めることができないからである。この条項を攻撃する以外に、われわれの敵は今なにをするというのだろうか。彼らは確かにわれわれとうまくひとつになって、キリストはおとめから生まれ、十字架に付けられ、死んで、復活したと言い、口ではわれわれと一緒にこの信仰を語りはするが、心の中ではこれを否定し、反対のことを考えている。人間は滅びはしない、自由意志をもっていて、神が恵み深くなってくださるような多くのことを行い、(救いを)かち取ることができるのだと言い、これに逆らって語り、説教する者は異端であって、断罪されるべきだとするからである。

それゆえこの条項は全世界が衝突するものなのであって、これを正しく教える者は極少しの人であり、これを正しく心から信じる者はもっと少ない。いや、その人たちでさえ、自分自身の心に逆らってそう努めねばならないほどである。われわれが全くの無ではありたくないし、キリストのみがすべてをなさったのではなくて、(自分も)常にすべてのことに手を染めて、神がわれわれを顧み、そうしたことのゆえに罪を赦し、恵み深くあってくださるほどのことは行ったり、やり遂げたりしているという思いが常に心の中に残っているからである。しかし、そうであるはずがなく、可能でもない。そうなれば信仰もキリスト全体も地に堕ちてしまうからである。ここではキリストのみが妥当すべきであり、私はそのように告白すべきだからである。そうならば私は舌をきれいにこそぎ落として、「キリストがなさるのであれば、私はなにもしないのだ」と言わなければならない。私は両方に自分の信頼を置くことはできないのだから、両方が心の中で互いを認め合うことはないからである。／キリストか、私自身の行いか、どちらかが出て行かなくてはならない。これは明らかで、十分理解されるべきである。それでもなお、だれでもが自分自身の内に、すぐさまそれから離れえない姿を見出す。それだからキリスト者を迫害し、殺す人たちがいるが、私は迫害などせず、これを告白し、説教している。それでもなお私でも、そうすべきだし、そうしたいと思うのだが、これを心の中に純粋に保つことができない。たとえ私が信じていても、「おや、お前さんはあんなに行ったし、祈ったし、断食したし、説教したし、人々に仕えたし、助けたではないか」という、私の心をくすぐる甘い考えが常に起こってくるからである。心の中でキリストが座すべき場所に、こういういとわしい思いが常に居座って、キリストの座をうかがおうとしているのである。このように地上のいかなる人も、この条項を十分にとらえることはできない。聖パウロ自身はフィリピの信徒への手紙第 3 章［12節］において、「私は既にそれをとらえたと誇ることはできない。それに向かって身を伸ばし、前に置かれた目標を追い求めています」などと言っている。そこでは彼は自ら、そうありたいけれども、自分がそれほど完全に到達しているわけではないと告白している。またローマの信徒への手紙第 7 章［22節以下］では、「私は内的な人としては神の法を喜んでいますが、私の肢体の中にいま一つの法を見ており、それが私の思いの中で律法に逆らっています」などとも言っている。すなわち、私はできることならそう信じ、そう行いたいのだが、古いよどみが私に重くぶら下がり、常に繰り返して私を下に引っ張っていて、私自身の上に自分を建て、この条項に逆らって自分を信頼させようとするから、私はこれをしたのだと誇りたくなってしまう。たとえしたことが立派で、よくとも、／人がこれに信頼を置き、この上に自らを建てようとすれば、それは恥ずべきことである。しかしこれには毒があり、秘かにやってくるので、すべての聖徒はこれを嘆いたし、今日でもキリスト者は日毎にこれを感じている。

これこそまさに、愛する使徒たちがこの条項を推し進め、強く印した理由である。彼らは、この条項が決して学び切ることのできないものであって、われわれがその点で生徒であり続け、日毎にこれを強く印して、（完全ではないにしても）これについてなにほどかに達しなければならないことを知っていたし、経験していたからである。このような高度の人々、使徒たち自身が日毎にこれと取り組んで、この条項を保つために自分自身と戦わねばならなかったのであるから、移り気の人々には一体なにが起こることであろうか。彼らは怠け者天国に走って行って、一度か二度でも聞いたとなると、なんでも十分にできると思い、安心して注意を怠り、見過ごしてしまって、結局のところそこに来ることはないのである。彼らは、確かにとらえたと思って、肉に轡を付けることなく、これに十分な場を与えてしまうからである。しかし、彼らはまだ一度もその正しい味を受け取ったことがないのではないかと、私は心配している。使徒たちは、長いことキリストに耳を傾け、沢山これについて説教し、日毎にこれを推し進めていても、まだ学び切ったとはせず、自分を師であるとは考えもしなかった、とあなたは聞いている。しかもあなたは、たった一時間で十分とらえてしまったので、なんでもできると思っている。
Da ああ、なんと哀れな生き方であることか。／悪魔があなたをまともに攻撃し、(私や他の人々に見事にやってみせることができるように)あなたがしたことやしなかったことを鼻先に突き付けて、キリストを目の前から引き離してしまうならば、そんなものはあなたにとってバラバラの、小さなものになってしまうであろう。あなたは、この条項がどこにあるのか知ることもなく、一度もこの条項を考えることもないであろう。あなたがこれをとらえて、悪魔の背中をこれで打ってやるべきなのだということは、私は沈黙しておこう。いや、悪魔はあなたに向かってキリストを裁き手とも、暴君ともして、あなたを駆り立て、追いやり、あなたがキリストからなんの慰めをももちえないようにし、かえってあなたはキリストの前で恐れおののき、木の葉のように震え、悪魔でもあるかのように逃げ出すことになる。悪魔はこれほどまでにひとりの人の目を晦ませ、そうした考えを強く心の中に吹き込んで、よいことであろうと悪いことであろうと、自分がしたり、しなかったりしたこと以外には目を止められなくすることができるからである。彼はあなたを隅に追い詰め、捕らえてしまえば、キリストを見たり、踏み止まったり、自分をそこから取り戻すことができないようにしてしまう。悪魔はあなたの最良の行いであっても辱めて、罪とし、あなたがこれを恐れなければならないようにまでしてしまうであろう。

われわれの知恵、理性、能力とキリストの働きと務めについてのこの条項とを、遠く引き離し、互いに遠ざけることを人が学び、よい行いや貴重な行いであろうと、自分の行いを信じるとは言わないで、神がそうお望みになることを行い、これに留まろうとするならば、これは大した生き方であろう。しかし、地上の、人間の知恵と生活とに留まりたい者にはそうさせて、私の言う、心の信仰と信頼には至らせないでおこう。／私は天に、より高い宝、すなわちキリストをもっているからである。私はこれに依り頼み、彼の働きと義と聖と知恵とに縋って、要するに、信仰に関する限りでは、私や人間の行いについてはなにも知ろうとはせずに、ただイエス・キリストのみを信じるのである。私であろうと、いかなる人であろうと、私のために苦しんだり、死んだりなどした者は(ほかに)いないからである。

そこに別の顔がやってきて、別の眼を開くので、われわれのすべての行いをもってしてはすべて無となるのであって、われわれが神の前に立ち、恵みと罪の赦しを得るなどのためには、あの別の方をもたねばならないことに気付かせてくれる。われわれの教皇主義者や熱狂の徒、また、われわれの間にいて師だと自ら思っている者たちにはこれは

できない。いや、そうできるはずだし、是非したいと思っ
ているわれわれ自身でさえもできない。彼らが私以外のも
のを見、関わるというのでなければ、十分うまくできるし、
こちら側で博士にも師にもなれるというのは、恥ずべき災
いである。(聖パウロ自身が感じ、嘆いているように)私は
確かに、そうしたくてもそれから離れることができず、そ
れにもかかわらずそれについて十分語ることができ、彼ら
すべて以上にたくさん推し進め、実行してきたからである。
それでもなお彼らは安心して、自分たちこそ師に優る師で
あると思っている。しかし白日の下で見れば、最も賢い人
間でありはしても、人間的な本性や行いについて以上には
D iij なにも知らないのは彼ら以外にはいないのである。／
(人々が学識ある人と思っている)多くの人々において私が
見ているところであって、そのすべての書物において、人
はいかに生き、行うべきかということ以上に高いことにつ
いては扱っていないのである。

人がなにを行うべきであるか、あるいはなにを止めるべきであるかとか、なにが善で、なにが悪かということについて語るのは、結局のところキリスト者の生き方ではないと、私は言う。キリストはなにであり、なにをしたかについて知ることこそ、キリスト者の生き方である。前者はすべて、人間的な知恵と義と呼ばれ、この生のみに関わる、別の輪、円の中に属するからである。この生にあってはわれわれは、行ったり、止めたりすべきことを十分見つけようとするし、法律家の助けを得もする。しかし、われわれ

キリスト者が属している輪の中、また、われわれがキリストを学んでいるこの学校では、われわれがなにをしたか、しなかったかとか、なにを行い、止めるべきであるかとか、われわれについてなにも論じようとは思わない。むしろ、われわれの信仰はなにに立つべきであるかを論じて、われわれの外、この条項の中へと踏み入り、この方がわれわれのためになさったことを学びたい。さてわれわれはこれを次々に見ていくことにしよう。

というのもこのことばは十分に、順序正しくまとめられており、大体カレンダーのように一年全体を通じて、主キリストのすべての祭を祝い、クリスマスに始まって、そこで幼子の飼い葉桶と劇をもって母の胸に憩うわれわれの愛する主キリストを祝い、次いで受難週に至って、受苦日に至り、(主の苦しみを)思い、さらに復活、昇天、聖霊降臨などに赴く。このようにわれわれの祝日はみなこの短い条項の中にまとめられている。／これは民衆のために正しく、また必要なことであって、人々はこれらを一年の特定の日に外的に守り、これらの部分をみなひとつずつ順番に過ごして、忘れないように、説教において心に留めるのである。そうでなければキリスト者はすべての祝日を一日にまとめて守り、また、日毎の祈りにおいて祝うことができる。この条項がいかに適切に、重みをもって心の中に入り、保たれるか、愛する使徒たちが十分心に掛けたとおりに、みな定められており、われわれに至るまで保たれてきたからである。

このことばには、信仰が保たねばならないこと、すなわち、主が生まれ、苦しまれたなどということは「われわれのため」であるということがはっきりとは出ていないけれども、人はこれを他のところからここに取り入れて、あらゆる部分を通してこれを採用せねばならない。第三条項でも、「私は罪の赦しを信じる」と言うときにも、この部分の原因と効用を定めて、なぜ主が生まれ、苦しみを受け、すべてのことをなさったのかが説明されるからである。われわれが「われわれの主」と言う本文でも、これに触れているわけで、この方がどなたであり、なにをなさったか、そのすべてがわれわれのために起こったのであることを、われわれは告白しているのである。「われわれの主」であられるからこそ、この方は生まれ、苦しみを受け、死に、復活なさったのである。「主」ということばはここでは程度を超えて親しく響き、愛すべき、慰めあることばである。すなわち、(信仰箇条が明らかにしているように、罪の赦しと死人の内からの復活によって)あらゆる困窮の中から、すべての敵に抗して、われわれを助け、救ってくださる方を、われわれがもっているということである。／彼がこうしたすべてのことをなさって、これほどのことをわれわれのためにして、われわれを贖ってくださったのは、暴君のようにわれわれと関わり、人々を強制し、苦しめ、恐れさせるような主であろうとしてのことではなく、われわれが親しい、助ける支配者をもって、その下であらゆる暴力や脅かしから安全で、自由であり得るためであるからである。

自分の務めを正しく行うならば、主君とはこの世で、自らの臣下を助ける権力以外のなんであろうか。彼は悪を制し、罰し、正しい人を守り、平和とすべてのよいものとをもたらす。服従しようとせず、主君を主君と認めない悪人に対しては彼は専制君主と呼ばれる。しかし本来彼は正しい人のための主君であって、これを助け、救い、よい、親しい働きだけを行い、その支配からは甘い、親しい名が生じてくる。さて、各地が、統治と平和が永続するひとりの主君をもち、また、もたねばならないということは、この世ではたいそう貴重なものであるから、よりよい国、まさしく天の統治があるということは、遥かに甘く、慰めあることである。すなわち、われわれに罪の赦しと平和をもたらし、悪魔やその手下どもから守り、死やすべての悪から贖い、それだけではなく、この地上から引き離して、太陽やすべての被造物よりも美しく、栄光あるものにして、われわれがその永遠の栄光に至るようにしてくださる統治だからである。／

見よ、これゆえに彼は「私の主」と呼ばれる。私がここ(地上)で死の危険と悪魔の呪いの中に座っており、悪魔があらゆる災いをもって私を苦しめ、遂には殺すに至るのに対して、主を掲げなければならないからである。同じく私は日毎に罪の中に、また、悪い人々や熱狂の徒の間に留まっており、加えて私自身の良心は私を恐れさせ、意気沮喪させるなどするので、私は決して平和を得ない。もし悪魔の力の内に堕ち、悪魔に対して強力である、いかなる主ももたなければ、悪魔はたちまちわれわれと決着を付けてしまうに違いない。悪魔とその使いどものこの大きな力と、あらゆる権力と力をもったこの世の大きな力とに逆らうには、これまた強く、強力である「主」をもつことがわれわれには必要である。これこそがこのイエス・キリストである。この方を私はここで信仰において告白し、また事実をもって感じ、その力は尽きることも終わることもなく、悪魔に対して十分であることを経験する。たとえキリスト教会を攻撃し、世の初めから今日に至るまで苦しめても、悪魔は、教会を存続させるほかはなかった。怒るだけ怒ったところで、せいぜい教会に洗礼盤を残させないようにするくらいであった。これは悪魔がトルコで実現できたことで、いかなる洗礼も、福音も、聖餐も、説教壇もいかなるキリスト(像)も残させなかった。できることならば全キリスト教会もそんな具合に破壊し、廃虚としたかったのである。悪魔を防いで、動かしてしまうこの主をわれわれがもっていなかったら、悪魔は教会に対して敵意を抱いていたので、すべてをきれいさっぱりと駆逐してしまうまでは、休むこと
𝔈 とができず、また休ませもしなかったことであろう。／それゆえ彼は暴君の権力や熱狂の徒と、偽りの教えによる策略との両方をもってわれわれを攻撃し、あらゆる手段を尽くしてこれを試み、われわれをキリストから引き離そうとするのである。

　さてわれわれはあまりにも弱くて、悪魔に逆らうことも、あるいはその力や策略に抗して自分を守ることもできず、

キリストについての慰めある思いを保つこともできないのだが、風が小さな火を吹き消すよりも容易なのに、悪魔はわれわれの火を吹き消すことができず、ただ悪魔的な思いを心に吹き込むだけである。こうして洗礼も教会も、説教の務めも、キリストについての正しい理解も存続しているのだが、これは人間の力や能力によるのではなく、ひたすら、われわれのこの主の力によるのである。これは地上のいかなる皇帝も王もできることではなく、主ご自身がその全能の、神的な力をもってなさらねばならないことである。ここにおいてわれわれはもう一度、このような主がただの人ではなくて、自ら神であり、聖書が呼ぶとおり、「全能の主」であられることを見るのである。これはすべての主君に優る「戦いの主」であって、その民、すなわちその愛する天使と、主を説教し、告白するすべてのキリスト者と共に、装備して野に展開する。こうして主は戦い、勝利し、み国を保ち、人々が主を告白し、みことばを説教し、推し進めるようにし、その民を慰め、キリスト者の間ではよい思いとよい生活とすべてのものにおけるひとつ心と思いとが存続する。これらすべてはひたすら、われわれの愛する主キリストの大勝利のしからしむるところである。／

見よ、このように人はこの方について学ぶことができるはずである。この方は、われわれが生きている限り、あらゆる類いの外的な危険や困窮においてばかりでなく、陰府の門というべき悪魔とに逆らって、われわれを助け、守り、救うような主なのである。悪魔はその知恵と力とを

もって、悪い、毒の矢、すなわち悪い毒の思いによって、
また、この方以外を説教し、この方以外の思いや信仰を作
り出そうとする恥ずべき、悪い口を通して、信仰を攻撃す
る。これに抗して立ち留まるのはわれわれの力や能力によ
らず、この方がみ父の右に座したことによって、われわれ
の心の中に座してこれを支配し、地上で生きる間、われわ
れを保ってくださることによると、われわれは知っている。
それゆえこの方は、われわれが常に望みうる以上に、慰め
に満ちた、親しい、愛する主であられる。
　それゆえわれわれは賢くなって、このような認識がわれ
われから奪われるようなことがなく、(キリストは)恐るべ
き審判者という違った絵を描かせることのないようにすべ
きである。これはこれまで人々がわれわれに吹き込んでき
たものであって、そのため人はこの方の代わりに愛する母
マリアを掲げて、この方とわれわれの間の仲保者として呼
び求めてきたのである。そのときには救い主は遥か上に座
して、われわれを試したり、われわれの生活などを裁いた
りする以外の方とは見られなかった。これは間違ったキリ
ストが説教され、信じられたことにほかならない。この条
項は、この方がわれわれの主であると教える。たとえ審判
Kij 者であっても、この方は私にとって／慰めと救いになる方
であって、私の敵から私を守ってくださり、信じようとせ
ず、この方を主とは思わない者どもを断罪なさる方である。
要するにすべての怒りや裁きや罰をわれわれから取り除い
て、これをその敵、悪魔とそのすべての矢とに帰し、キリ

ストについてのあなたの悪い思いにも逆らってくださるのである。同じくトルコ人にも不信仰者にも熱狂の徒にも逆らってくださる。しかしあなたに対してはこの方は主であられ、生まれ、苦しみを受け、十字架に付けられ、死に、復活なさったのも、あなたによかれと思ってのことであった。この方こそがあなたのすべての罪を赦し、あなたが罪に堕ちたり、罪の中で意気沮喪することのないようにしてくださり、遂には罪から清くなるよう助け、すべての敵を陰府の深淵に落としてくださる。それだからあなたは恐れる必要はなく、この方を喜んで、最高の慰めとするべきである。この方が審判者であらねばならないことは真である。そうでないとすれば、われわれは決して救い出されることはないであろう。悪魔を放置して、なすがままにさせ、私の心に悪い思いを入れさせ、熱狂の徒も赴くに任せられるのであれば、私は永遠に滅びてしまうであろう。私を守るためには、この方は裁き、断罪しなければならないのである。私をではなく、私の敵、すなわち、私の心に悪い矢を吹き込む悪魔をである。

　ところでこの世においても、一家の主人はそれぞれこの二つの務めを果たさねばならないということになっている。すなわち、正しい者を助け、正しい者を不安にしたり、苦しめたりする者を時に応じて打つという務めである。自分の子らや家僕たちを助け、よいことのみを行うのだが、／しかし悪党や悪い隣人が妻、子ら、家僕の顔を殴りつけたり、あるいは、足で踏み付け、家から追い出したりするのを認めるようなことがあれば、家の主人とは呼ばれず、恥ずべき男と呼ばれるであろう。家の子や僕にだれかが苦しみや不正を働くならば、これに暴力を振るわせず、主人に訴えてよいのだと知るくらいには、主人を防壁とも慰めともしなければならないからである。このように主はご自身に属する者たちに対しては審判者ではなく、災いを起こしたいと思う悪党に対して審判者なのである。同様に君侯は臣下に対しては優しい心をもち、臣下も君侯に対して信頼を寄せて、臣下は君侯を主と呼び求め、君侯こそ助けてくださり、悪人を制してくださる方だと確かに認めるようでなければならない。臣下がこれを主君と呼ぶのは、君侯が死ぬほど打ったり、拳で頭を殴ったりするからではなくて、臣下が君侯に(この世とこの世の統治に関する限りでは)頼ってよく、君侯もどんな人の暴力や悪行にも逆らって臣下を助けるからである。

　このようにこの名前はなににも優って愛すべき、慰めに満ちたものとなる。主とは、ご自身に属する者に慰めの心を与え、なんの苦しみも与えず、ただ助けと愛とを示す方のことである。ただ、平和をもとうとしない人殺しや悪党、悪漢に対しては、苦しんでいるあなたのゆえではなく、彼ら自身のゆえに、すなわち彼らが罰せられ、あなたが救わ
E iij れるために、審判者となられるのである。／人はわれわれの主イエス・キリストをこのように見て、これを心の内に形成し、われわれがこの方において、われわれを絶え間なく守り、悪魔やすべての悪を防ぐ方をもっているのだ、と

思うべきである。こうして、拳を振り上げてわれわれの後ろに立ち、頭上を打たんばかりにしている暴君のように、この主を最も恐ろしい仕方で、描き出した、教皇の恥ずべき教えに逆らうわけである。このように彼をとらえるならば、あなたは彼を正しくとらえているのである。この方が悪魔やわれわれの敵に対してなさる働きと、われわれに対してなさる働きとをしっかり区別するがよい。すなわち、先に言ったように、われわれはここ地上で、われわれを圧する悪魔や罪の内におり、萎え、恐れおののく心と思いの内におり、(なし得る限りを尽くして)われわれを苦しめ、主が手を伸ばさず、すべてのものを制しなければ、だれもキリストと神のことばの小さな火さえ保ったり、信じないように至らせたいと思っている、悪い暴君と熱狂の徒の間にいるからである。それだから主はかしこに座して、毎日しておられるとおりに、またわれわれが見たり、感じたりするように、私を絶え間なく保護し、守ってくださる。そのために主は人となり、苦しみ、復活するなどなさったのである。この方をただこのように心に留めることを学ぶがよい。彼はわれわれによかれ、助けと慰めとになれと思って主であられるのである。われわれを断罪しようとしておられるなどと、この方を恐れないがよい。「み子を信じる者は、裁かれることがない」と言われたからである［ヨハネ3章18節］。これによって彼はご自身の務めを悪魔の務めとも、暴君の務めとも区別なさる。この方を自分の主として信じる者は、いかなる裁きも恐れる必要はなく、／いかなる裁きも罰もその人に及ぶことはない。裁きと害とは悪魔とその手下どものものである。裁かれないのであれば、罰せられることもないからである。罰せられないのであれば、罪をもたないのであり、罪をもたないのであれば、死ぬこともない。このようにことはみな次々に続いて起こってくる。キリスト者には審判者はなく、罰も罪も死もなく、永遠のいのちとすべてのよいものとがある。これが終着点であり、このためにこの方はわれわれの主であられる。主はわれわれを悪魔の力と死とあらゆる困窮とから助け出して、われわれに災いをもたらそうとするすべてのものから今守ってくださる。彼が「われわれの主」と呼ばれるとするこの部分は、次の部分もすべてわれわれのためのものであることを言おうとしている。それだからこのことばに注目することに習熟し、「われわれ」ということばを、信仰のあらゆる部分を通してもち続け、すべてはキリストを信じるこの「私」のためであると知り、私の罪や悪い良心に逆らってすべては「私の」ものとなり、われわれが常にいよいよもって、この主にあってもつものを学ぶがよい。

さて、要約すると、キリストがわれわれにとってどんな益があるのかが語られた。今われわれはこの部分のいくつかを見て、なにによって主がこうしたことを実現なさったのかを学ぼう。すなわち、以下のことばによってである。

主は聖霊によって宿り、おとめマ

リアより生まれ、ポンテオ・ピラトの下に苦しみを受け、十字架に付けられ、死んで、葬られた、など／

ここでは主は、地上でなさったすべてのことをもってはっきりと描き出されており、順序正しく次々と書かれている。全生涯にわたって、一人の人として、誕生から死に至るまでなど、主がどのように歩まれたかである。しかしわれわれの生よりもよい特別の歩みをなさったのであり、その聖で、清い歩みによってわれわれの恥ずべき、罪の歩みを聖めてくださった。しかもそのような歩みを、われわれみなが注目したあの場所でお始めになった。すなわち受胎であるが、それは特別のものだった。われわれみなはひとりひとり、アダムの裔として、母親が身ごもってこの地上に到来するのであり、これがわれわれみなの到来と始まりであって、だれであっても、塵と地から造られた、われわれの最初の父アダムと、アダムの脇から造られたエバ以外、このあり方によらなければこの生に至らず、これに従って、受胎があり、母の胎内に宿るのだ、と言われる。

さてキリストはあらゆる点でわれわれと同じく、同一の本性となるために、まさにこの部分で生を始めたいと思って、母の胎に宿られたのだが、しかしながらここで大いに異なっておられた。われわれの知恵もしくは信仰はわれわれに、彼は聖霊によって宿ったと教えるからである。そこで再び愚かさとつまずきとが始まる。第一のこと(彼が宿って、人となったこと)を人は／かなりの程度まで理解できるであろうからである。神が人類を祝福して、人が増えるようにしてくださったことをわれわれが眼前に見ているからである。しかし、他の子供と同じように、宿って、母の胎に担われはしたものの、それが母についてのことであって、男に関わりなしであり、聖霊によってのみ起こった、すなわち、母は清く、無垢のおとめであって、しかもまさしく普通の母となったのであり、普通の男の子を宿して、自らの肉と血によって育てたのであると、われわれが説教し、信じるとなると、それは馬鹿げた説教であり、大いに愚かなことだ、ということになる。これは先ずユダヤ人にとって、次に賢いこの世にとって笑うべきものとなり、聞きたくないものとなった。「賢いさん」の理性がここに落ち込むと、理性は見事にそこから計り出し、推し量り、すべての辻褄合わせをして、母であって、おとめであるなどということは間違っている、理に合わない、ありえないことだと結論するからである。

これに対してわれわれは再びわれわれの本、すなわち、聖書を引っぱり出さなければならない。これは、もう1500年も存続してきて、今もあり、終わりの日に至るまで存続するであろう。たとえ異端者によって、また確かにわれわれの心の中で悪魔によってと、両面から攻撃を受けるとしても、存続するのである。悪魔は信仰のいかなる条項にも劣らぬ技を尽くして攻撃するが、人間を束にして、働かせてやってきても、一撃すら与えることはできない。それゆえこの条項も、今まで戦いの中で立ちえたように、いつまでも立ちえて、この世と悪魔の知恵に逆らって、信じる者の側で勝利を保つに違いない。それだからわれわれは、／ F
このようなすべての攻撃や賢ぶりに逆らってこのことばと信仰に留まる。しかしことがどう起こって行ったかということについては、われわれは究めようとしないし、究めるべきではない。たとえわれわれが長いことこれについて考えてみても、的を射ることはできず、とらえることもできない。このように高貴な、神の働きを推し量ろうなどと、われわれはなんたる不遜の思いに駆られることだろうか。われわれは考えることをもってしては、木や実や枝が地から成長するならば、どのようにしてそうなるのかということには達したり、答えを得たりできないではないか。それだから賢いさんにこうしたことの謎を説いたり、推し量ったりすることを任せよう。われわれは聖書が教えるとおりの信仰の単純さに留まり、このみ子が聖霊によって宿り、おとめから生まれ、肉と血とをもった真の、普通の人であって、すべての肢体をもち、魂の力と感覚をもっていた、としよう。この方は、私やあなたやどの人とも同じで、アダムからのものをもっておられた。しかし、この方がどのようにしてそうなったのか、聖霊がどのように働いたのかについては、聖霊は私になにも言わなかったし、示しもしなかった。それだから私はこれを聖霊に委ねて、聖霊が語って、書いたみことばに、ひたすら留まるのである。
なぜならば聖書はダビデについて詩編第132編［11、12節］において、「主はダビデに真の誓いをなさった。そこから主は離れることはない。『私はあなたのために、あなたの体の実を王座に着けるであろう』」と語っているからである。そこでは主はキリストを明瞭なことばをもって、あなたの体の実と呼んでいる。すなわち、あなたの自然の子ということであり、われわれが呼んでいる言い方では、彼の肉と血ということである。自分の子を憎む者について、彼は自分の肉と血を心に留めないと言うのを常とするとおりである。／このように聖書は強力に、キリストがダビデの血と肉であり、自然の子であると証ししている。体の実とは、母の胎に宿り、担われる自然の子以外のなにものも意味しないからである。それだから彼は真の、自然の人として、父祖ダビデと同じように、一人の人に属するすべてのものをもっていなければならない。ただ男の力や助けがこれに加わったのではなくて、聖霊のみがおとめのからだに働いたのである。しかし母はダビデの真の家系、血筋の出であって、その裔、その肉と血につながっていた。このおとめの肉と血とを取って、聖霊は、その家系となり、その肉と血とにつながる子を造ったのである。
見よ、これこそわれわれがここで学ぶべきあり方である。学校において学ぶのでもなく、人から学ぶのでもなく、上から聖霊を通して学ぶのである。ここでは聖霊こそが真の、唯一の校長であり、博士である。たとえだれかがこれを攻撃しようとしたとしても、これと多くを論じることなく、いろいろ推し量ろうとすることもなく、ただ以下のように知り、語るがよい。「私はここに、信条と呼ばれる小さな本をもっている。ここにこの条項がある。これこそ私の聖書であり、長く存続していて、今もなお覆されることなく存立している。私はここに留まる。これに基づいて私は洗礼を受け、この上に立って生き、また死ぬ。これ以上のことを私は示されたくない」と。／ F ij

このようにキリストはすべてのことにおいてわれわれと同じになられた。まさにこのように始め、先へと進み、生まれ、われわれと同じ肉と血となられた。しかしここに違いがある。われわれは聖霊によって(この世に)来たのではなく、罪の肉と血から出ているのであるが、主は聖霊によって宿り、人となられた。それゆえ主の誕生は全く清く、聖いが、われわれの誕生は清くなく、断罪されるべきものである。われわれもまた確かに神の被造物であるのだが、罪の肉のものであるが、ここでは聖霊のみによって宿ったと言われており、人の働きがこれに加わったのでも、及んだのでもない。われわれの誕生に際しては人の働きが加わっているから、そこからはなにも清いものは出てこない。共に働く者、いや彼がそこに加えるものは汚れた、清くないものだからである。歯こぼれした剃刀で髭を剃れば、後で血が出てくるように、どんな道具でも、よいものでなければ、うまく切ったり、削ったりできず、すぐにその仕事には錆が見えてくるものである。このようにわれわれみなの誕生や宿りはアダム以来罪の中のものである。肉と血は生まれながらにして堕落しており、清くないからであり、われわれもこれに加わるから、そこからは、錆や歯こぼれをもたらすような仕事しか生じないからである。さて、キリストの誕生は清くあるべきであったので、男が加わることなく、聖霊のみがおとめのからだの内で働かねばならなかった。働く方も、(それによって聖められた)器も、両方とも聖く、清くて、純粋であった。／

聖書がわれわれの宿りと誕生について詩編第51編［7節］に「見よ、私は罪の裔として生まれ、私の母は罪の内に私を宿した」と言っているからである。すなわち、私の母は罪の肉と血とを差し出し、私の父と、彼がそこに加えたものは清くなく、どちらも悪い欲と清くない本性を担っていたので、私はそのような肉と血によって宿った、というのである。それだから私にはなにも清いものはありえないのである。しかしこの誕生は(とこの条項は言っているのだが)母も人もこれに加わっておらず、聖霊のみが、ことの成り行きに母も気付かぬ内に働いて、聖霊が信仰を通してことを成し遂げたのである。天使がルカによる福音書第2章［1章35節］において証しし、エリサベトがマリアに向かって「あなたは祝福された方。あなたは信じたから。主によってあなたに語られたことは、成就するからです」と言ったとおりである。このように彼女はなにも感じず、気付きもせず、ただことばを信じただけであり、そうすることによって聖霊の器となり、母となったのである。

ご自身の誕生によってわれわれの清くない宿りと誕生を
助けるために、主もまたここから始め、誕生と宿りという
道を歩まれた。こうして主はご自身の清さによって、清く
ないわれわれをすっかり清くしてくださったのだが、これ
についてこう言われる。／「あなたは清くなく、罪の内に F iij
宿り、生まれるが、そのあなたによかれと思って、私はま
さに同じ宿りと誕生を（しかもすべての点において清く、
罪のない形で）引き受け、あなたが私の清さによって清く
なるようにした」と。このように私の汚れ、私の清くなさ
は主によって清くされ、私は私のものでない宿りと誕生に
よって助けられ、飾られ、覆われて、こう言わざるをえな
いのである。「たとえ私が清くなく宿り、生まれて、生き
ている限り、この清くない本性から離れることができなく
とも、主は清く、すべての罪なく宿り、人となられたが、
それはご自身のためではなく、私のためであり、こうして
ご自身の誕生を私に贈与してくださるのである」と。

宿りをもって始め、われわれと同じになられたように、
主は更に進んで、われわれと同様の、母からの自然な仕方
での誕生をおもちになった。石や木から生まれたり、人間
の骨から取られたり、アダムやエバのように地の塊から造
られることをお望みではなく、ダビデの裔から生まれたと
言われ、さらに自然のままに、子を世にもたらすように
なっている女性がこれに加わるという仕方でことは起こら
ねばならなかった。このようにことが運んでも、われわれ
では清くないことになる。われわれは、罪の内に清くなく

宿るように、誕生も、その後の全生涯も苦難も死も清くなく、すべては呪いと怒りの下にあるからである。清くないということは本性全体に及んでおり、肉と血は全く毒されていて、自分では清くすることができず、／水浴で洗い流したり、布で擦り落としたり、火で焼き尽くしたりすることはできず、骨も髄も、肉も血も、皮も毛も清くないのである。これを助けるために主は、あらゆる悪い欲なしに、おとめから、それもなんらの痛みなしに生まれるという誕生によってこの世に来られた。この子は罪の内にではなく、男によらず、聖霊によって宿ったのだから、神が女性に罰として課された痛みの原因はないからである。

　このようにしてわれわれの誕生も、われわれがここ地上で生きる生も、主によって清められる。われわれは誕生から全生涯にわたって断罪されたものであるが、主は清くあられ、われわれにこのような清さを与えてくださるからである。われわれがこの条項で告白しているとおりである。主はそのためにお生まれになり、ほかにどんなことをなさったのか、ここには述べられていないけれども、われわれの全生涯に関わってくださるからである。すべてを語るのでは長過ぎるからであるが、しかし、条項のこの部分によって、主がまさしく生き、食べたり飲んだり、歩いたり立ったり、寝たり起きたり、話したりと、他の人と同様に、あらゆる自然の、あるいは人間の生き方をなさったと理解するに十分のものを与えてくださっている。聖パウロがフィリピの信徒への手紙第2章［7節］において、「彼は他の人と同じになられ、その姿は人と同じであった」などと言っているとおりである。こうあることによって主は、われわれが人間としての自然の生に従ってあり、また行うすべてのことを聖めて、／われわれが食べたり飲んだり、歩いたり立ったり、寝たり起きたり、働いたりなどすることがわれわれを損なうことのないようにしてくださった。そうしたことはわれわれの肉と血のゆえに清くないのだが、われわれはわれわれのものから逃れて、キリストのものを享受する。主がご自身のからだにおいて、これらすべてのことを清くしてくださり、この主のゆえにこれらがわれわれを損なうことのないようにしてくださったからである。古い誕生とこの生とに関わることは、私が洗礼と信仰によって主の誕生と生の中へと入れられるがゆえに、彼のものとして清いとされるのである。私が行うことはすべて神のみこころに適うものとなり、聖く歩き、立ち、食べ、飲み、眠り、起きることなどと呼ばれるようになる。ひとりひとりのキリスト者においてこれらすべてのことは聖いものとならざるをえない。たとえなお肉の中に生き、自分自身においては清くないのであっても、信仰によって彼はすべてのことにおいて清い。このようにこれはわれわれのものでない聖さであるが、しかもわれわれの聖さである。われわれがこの生で行うすべてのことを、神はそれ自体として清くないとはご覧にならず、ご自身の生によって全世界を聖としてくださったこのみ子によって聖く、貴く、みこころに適うものとしてくださるのである。

こうしたすべてのことがわれわれのなんらの行いなしに起こる。修道帽も剃髪も、かぶりものも、裸足で歩くことも、跪くことも、祈ることも断食することも、禁欲することも、その他、地上で起こりうるどんな行いもこれに加わることはないからである。こうしたすべてのことは錆びたり、欠けたりした斧や包丁のように、清くないからである。いや、こうしたことは二重に清くなく、また、断罪されるべきである。こうした行いがキリストなしに行われ、自分自身によって清さを得ようとするものであって、キリストの清さなどはどこにあってもなんら必要としないかのごとくに、これを汚し、否定するからである。／このようにキリストのものでないものはその誕生や全生涯もろとも、すべて清くなく、断罪されている。いかなる清さも聖さもわれわれの内にはなく、また、われわれから出てこない。われわれの外、われわれを超え、われわれから遥か遠く、いや、われわれの思いや考えや理解のすべてを超えていて、ただキリストにおいてのみ、信仰によって見出され、得られるのである。

確かにわれわれはこのことについて説き伏せられるべきであろうからである。キリストがわれわれの主であって、われわれの行いも誕生も断食も、祈りも巡礼も、貧しさも貞潔も無であることは明瞭であって、だれでも十分にとらえることができるからである。こうしたすべてのことはおとめから生まれたのでも、聖霊によって宿ったのでもないからである。われわれ自身が、あるいはわれわれの行いそのものが誕生も宿りも聖くあって、キリストなどなんら必要としないかのように、われわれは一体こうしたものの上になにを建てようとするのだろうか。彼のみが聖さをお与えになるのであり、このみ子についてのみ説教され、信じられるべきなのではないか。この主こそは清い誕生と宿りの方であり、われわれの聖さは彼とそのすべての生とから来るのであって、私からもだれか人間からも来るものではない。罪を取り除き、人間を聖くするのに、われわれの行いにも益があり、役に立つとは、われわれは一体なんと思い上がり、強情を張っていることだろうか。子供でも気付くことのできる、はっきりした愚かさではないか。それなのになお、彼らはわれわれに逆らって、このことを争い、戦い、叫び立て、異端だと大声を挙げる。あたかもわれわれの行いが、清いおとめと聖霊とから来る誉れを得、自分自身によって清く、聖となるかのごとくである。／ G

それゆえわれわれはわれわれのこの本、聖書を、こうしたすべての教師たちに逆らって掲げ、こう結論する。すなわち、「この条項は私に、私や私の行い、修道士の修道帽や修道会がおとめから生まれたとは教えず、私の主キリストがおとめから生まれたと教える。それゆえ私は、私やすべての人間においてなにも清いもの、聖なるものを見出さず、われわれのすべての行いは(そう言ってよければ)古い汚れた毛皮の中の毛じらみに過ぎず、そこには清いものはなにも見られない。要するに、そこでは膚も毛もよいものはもはやないのである。しかし、人々の目を眩ませて、この明るい光と確かな真実を見ず、たとえ主が路上に横たわっていても、踏み付けて行くようにさせるのは、悪魔の腹立たしい蒙昧である。人がこの条項を正しく認識し、心に堅く保ち、それに従ってすべての他の教えと事柄を偽りであり、誘惑するものであるとして裁くことができるのは、神の恵みであり、主キリストの力である。そうであれば、聖霊が心の中に記され、悪魔は駆逐されることになる。そうでなければあなたはこのような認識をあなたの頭の中からは紡ぎ出せない。聖霊が教えなければ、全世界は教皇やトルコ人やユダヤ人の信仰の中に留まって、自分の行いで清められ、罪から洗われようとする。いや、豚のように、よく洗うがよい。豚は糞の中に浸かり、たとえ浴しても洗っても、再び糞の中を転げ回って、結局今のような豚のままである。こういう人々も同様である。彼らはたとえ信仰と洗礼を受け入れ、／われわれに同調し、『キリストはわれわれの救いである』などと言っても、そこに留まれば、清く、聖となるはずなのに、『われわれの行いは、われわれが清くなるためになんらかのものを加えなければならないのだ』と言うようでは、再び身を汚していることになる。こうなれば豚が再び糞の中に他の家畜と一緒に横たわっているのと同様である。しかしわれわれは清くあり、清くあり続けたいと願う。だから、われわれが自分や自分の誕生の内にそれを求めるのではなくて、ただひとりおとめの子であり、神のひとり子である、このみ子の内に求めるよう、気を付けることにしよう。これこそ地上の他のどんな人も誇ることができないことなのだ」などと。
　さて誕生から全生涯を通しての主キリストの歩みはこう
である。主はあらゆることにおいてまさしくわれわれと同
様に生き、働かれた。そうすることによって、主ご自身が
触れ、すべて聖別し、聖めてくださったゆえに、いかなる
食べ物、いかなる飲食、いかなる衣服、いかなる眠りも目
覚めも、歩きも立ちもわれわれを清くなくすることはでき
ないようにしてくださった。キリスト者は信仰に留まる限
り、自らを罪にさらすようななにものも、見たり、聞いた
り、触れたりなどすることがありえないのである。すべて
のものは主によって清くされ、その聖なる目と口と手と足
とすべての肢体、いや衣服やその全生活とによって聖とさ
れたからである。主は終わりに至るまでそのようであられ、
あのような終わりをお受けになり、死を通してまでも――
われわれみなが同じような死を死ぬわけではないもの
の――われわれと同じに歩まれた。しかしわれわれの全生
涯は聖でなく、清くなく、われわれの死も呪われており、
／清くなく、だれも自らの死によって罪を贖うことなどで G ij
きない。十字架のキリスト像を手に、哀れな、断罪された
人々のため死に赴き、しかも十字架かキリストに示されて、
その恥ずべき死に人々の罪を置こうなどと唱える、恥ずべ
き修道士が自らの慰めとしてきたような具合にことは運ば
ないのである。死に臨んでいるすべての人のために、自分
の苦難や災難を償いと償罪として差し出すなどと言っても、
同様である。こうしたことはキリストを否定することにほ

かならない。死刑にされる人がここ地上で自分の死によって、地上の統治に従って、罪を犯した人々のために償いを果たし、これをもって払うべきものを払えば、もはやだれも彼に対する訴えを起こしえないというのは本当である。その限りで彼は清く、正しくなるわけであるが、これが神の前でなんの助けになろうか。彼自身が呪われており、まさに神の怒りの永遠の罰に遭っている以上、死は罪を取り除くことはできないからである。それゆえわれわれはここで、われわれのために咎なくして清い死を死なれ、神に対して代価を払い、怒りと罰をわれわれから取り除かれた方をもたねばならないのである。

この条項が、われわれのために苦しみを受け、十字架に付けられ、死んで、葬られたと示しているのも、この同じ主キリストである。この条項はまた、その時と所と人を挙げて、いつ、どこで、だれの下でこうしたことが起こったのかを示す。ポンテオ・ピラトの下で、などと言っているとおりである。こうして人は真のキリストを間違うことがないし、また、今もっておのがメシアを待ち望んでいるユダヤ人がしているように、他の人を待つこともない。トルコ人や教皇の両方ともこの点でユダヤ人と同じであって、／自分の行いや苦難によって清く、聖となりたいと思う者はみな、キリストを捨てて、修道帽や剃髪において他のものを求め、また神への自分の奉仕と、こうして自分自身とをキリストに捧げているのである。人がキリストを失い、唯一の救い主が心から消えてしまうと、すべての信仰はひとつになってしまうからである。いろいろな行いをしようと、神への奉仕をしようと、いろいろなやり方や道を考えて、救われようと敢えて試み、彼らは信仰をもたず、ほかの事柄の上に建てているからである。彼らは生きようと、苦しもうと、死のうと、堕落しようと、みな同じく悪魔に属しているのであって、いずれも真のキリストを失っている。生きようと死のうと、どちらもみな、神の前では清くなく、断罪された醜い行いだからである。

しかしわれわれはここで確かな慰めをもっている。われわれのために苦しみ、十字架に付けられ、死んだ方は、聖であって、聖なる死を死なれたからである。これによってこの方に頼り、この方を信じて死に、あるいは殺される者はみな、清く、聖であって、聖書が詩編第116編［15節］において言っている誉れに至るのである。すなわち、「その聖徒たちの死は、神の前に価高く見られる」とある。また第72編［14節］には「彼らの血は主の前に価高く見られる」ともある。しかし、盗賊や悪党のような私の死によってではなく、主キリストの死によってである。主は十字架に付けられ、死が主に直面し、主が死に直面する形で、死を味わわれたが、その経過によって死を益ある、聖なるものとし、／高価で貴重な宝となさった。この主によってわ G iij
れわれの生が清められるばかりでなく、いのちの終わりとも、破滅とも呼ばれる死もまた、神の前に貴重で、価値あるものとなると、われわれは慰められるのである。あの盗賊が十字架の上で、われわれは断罪されて当然だとして、

「われわれはしたことに値するものを受けているが、この人はなにも悪いことをしなかった」［ルカ23章41節］などと言ったような、われわれの死であるがゆえのものではない。われわれは苦しんで、その代価を払ってもいるのだが、それは裁く人ピラトの前だけのことであって、神の前でこそわれわれは断罪された者であると、彼は言っているかのごとくである。

見よ、この盗賊は愚かな修道士どもよりも遥かに賢い。彼は自分の苦しみや死を罪のために差し出そうとはせず、世の前に払うべきものを払い、償いをしたなどとも思わず、自分を断罪し、周りを見て、信仰によってキリストに縋り、彼によって救われることを望んでいるからである。このことによって彼は、自分の呪われた、断罪された死が聖なる死となるようにしている。しかもそれは、断食したり、悔悛したりなど、すべての行いなど全くなしにであって、心からキリストとその死に依り頼むほかには、なにもなしになのである。主がそこにおられるなら、自分のなすべきことに従って行い、苦しむとしても、生きるにせよ、死ぬにせよ、すべてはひたすら聖なのである。すべてはこの方からのみ来るのであって、これについてはこの世はなにも知らず、知ろうともしない。なお加えて苦労を背負って、自分の苦難や行いによって神に支払をしようとし、それによって神が彼らを顧み、清く、聖なるものと宣告してくださるようにしようと思っている。／だが、われわれのなにかが神のみこころに適い、よくて、聖であるとしたり、しなかったりするという具合には、神はなにもしようとはなさらない。われわれがまずもって、このひとり子とその誕生、生涯、苦難、死こそがもたらす、自分のものでない清さによって清くならねばならないのである。もしこれを逆転させて、先ず自分自身の力で清くなり、キリストを後ろに追いやろうとするならば、たとえひとつの罪のために千度の苦しみを受けることが可能であったとしても、あなたは自分を神の前で二様の意味で清くなく、いや、恥ずべき、ひどい汚物、汚猥とすることになる。

このようにキリストの生と死のすべて、その両方ともがわれわれの宝である。これによってわれわれは少しずつ聖となり、キリストにあってすべてをもつのである。たとえ地上ではもはやなにももたず、もはや無であって、死によってこの生から切り離されても、われわれはこの方にあって聖であり、死に際しても彼の前で死んだものではなく、死は再びいのちにならざるをえない。そのいのちは、主が死から、死を通して永遠の栄光に至られたように、この哀れな、過ぎ行くいのちではなくて、栄光の、永遠のいのちである。これに加わって更に究極の最後の部分が来る。主は死なれたばかりでなく、地に葬られ、陰府にまで降られた。このすべてはわれわれのためである。われわれがみな地に葬られ、腐り、朽ちて行くように、主もまた地下に降り、そこに横たえられ、ご自身も腐って、塵と土かのごとくであったが、そうはなられなかったのである。主は、聖書が前もって主について預言していたとおり、朽ちるほど長くはそこに留まられず、／ご自身に属する者の信仰がなくならないように、などとお考えになって、彼らを慰めるために、復活へと急がれたからである。

主が地下に至り、葬られたので、すべてのキリスト者の墓もまた聖なる場所となり、キリスト者が横たわるところはからだも聖である者が横たわるようになる。これまた、教皇が聖人と讃え、高めているような、その人の本性と自らの聖さとによるものではなく、聖であって、十字架に付けられ、死んで葬られ、その墓もまた栄光あり、聖であった、神のみ子を信じる信仰において死んだゆえである。イザヤが第11章［10節］において言ったとおりである。このようにこの人キリストは全世界を全く、ただもう聖なる場所とし、死も墓も、処刑台も剣も、火や水なども聖なる場所となるが、それも信仰のみによってである。しかし理性はこれを見ず、理解しないがゆえに、灰色の僧服や裸足修道士の修道帽が称賛を得て、これを着て葬られる者が、神に好まれようが、憎まれようが、天に行くことになるなどと考える。しかもこうしたことは口をあけさせ(喧伝され)るので、なんとも光り、輝くことになる。ところが、ある人が信仰とその告白とのゆえに捨てられ、断罪された人として惨めに死に、火刑に遭って粉とされ、水に投げ込まれて、墓もなしということになると、これは光らないというのだ。しかし、キリストにあって死に、逝く者は天においても地においても、すべてのものに優って輝くのである。この世が葉や草のように、カルトゥジア会士や裸足修道士で一杯になっても、／（先に述べたような）恥ずべき死を死んだひとりの人と比べて掲げても、そうしたものはあなたには悪魔の最もひどい悪臭と汚物のような、薄暗いものであるべきである。

キリストが神のみ子であり、おとめから生まれた人であるということは、たとえ貴重なものであったとしても、こうしたすべてのものよりも計り知ることのできないほど大きなことであらねばならないからである。この光に比べれば、日も月もすべての光もなんであろうか。被造物全体は、この尊厳と、すべてのものの創造主に比べればなんであろうか。さて、主はその聖なるからだをもって、われわれにかかわりのあるすべてのものに触れ、これを聖なるものにしてくださったので、われわれはこれをわれわれの傍らに見出すことができる。それも生においてだけではなく、死や墓においてでもである。だからわれわれは、ローマやエルサレムに（巡礼に）走ったり、どこから来たかだれも知らない石や木や、死人の骨（「聖遺物」）の所に行ったりする愚か者たちとは違って、これ以上に美しい、大きな、聖なるものを探し求める必要などない。あなたが自分の傍らに見出すことのできる、あなたとすべてのものを聖とする、この宝をもつのである。聖なるものを誇ろうと思うならば、神のみ子、イエス・キリストがご自身のからだをもって触れられた聖なるものを、あなたはなにゆえ誇らないのだろうか。私が生き死に、私が歩き立ち、私の生活と不幸と試練は、主がみな体験し、担い、極められたものである。主

は最後には地下に葬られまでなさった。石と封印で閉じ込められ、ユダヤ人自身もこれに封印して、主が真に死に、

𝔇 葬られたことの証しとした。／

それだから、人がキリスト者の横たえられている場所を尊んで守り、敬って埋葬し、これを保つことは、よいこと、正しいこと、いや称賛さるべきことである。ただ、聖人崇拝や偶像礼拝の誤りが避けられ、洗礼を受けたすべてのキリスト者がキリストへの信仰によってもつ、真に聖なるものについての説教が正しく行われればのことである。ひとりのキリスト者が横たえられるところ、そこには真に聖なる方がおられて、その場所をもまた聖としてくださるからである。その場所が聖別されていようと、いなかろうと、屠畜場や刑場であっても、神がそうしてくださるように。しかし、これを迷信としようとしたり、死んだ聖徒がわれわれの仲保者であるかのような偶像崇拝を打ち立てて、キリストを捨てるように、役立てないがよい。彼らは自らの力では聖とはならず、聖であって、神のみこころに適うべきものは、ただキリストにあって、キリストによってのみ生き、死ななければならないからである。われわれが十分に聴いてきたとおりである。

第三の説教が続く。

第三の説教、復活の日に向けて

われわれは主イエス・キリストを葬って、主がこの生からどのようにして別れたかを聴いたので、主をそこから再び取り出して、復活の日へと赴かなければならない。その日に主はいま一つの、新しい生に入り、もはや死ぬことなどありえず、死と、天地にあるすべてのものの主となられた。このことをもこの条項は示している。われわれが以下のように言うとおりである。

(主は)陰府に下り、三日目に再び死人の内より復活し、

主は復活し、天に昇られる前、まだ墓に横たわっていたときに、下へ陰府へと下り、そこにとらえられているわれわれをもそこから贖い出してくださった。主が死に至り、墓の中に横たえられたのは、ご自身に属する者たちをそこから迎え出すためであった。だが私はこの条項を、こうしたことがどんな具合に運んだか、あるいは、陰府に下るとはどういうことかなど、高度に、厳密に取り扱うことをしないで、／子供や単純な人々に話して聞かせるように、こ D ij
のことばが告げているとおり極単純な理解に留まりたいと思う。こうしたことを理性と五感をもってとらえようと

思った人々が多くいたからである。しかしそれによってはなにも当たらず、なにも得られないで、ただいよいよもって信仰から離れ、逸れていくだけである。正しく歩み、誤るまいと思う者は、ただこのことばに留まり、最善と思える仕方でこれを単純に心に留めるというのが、最も安全である。

それだから人々は、主が修道帽を被り、手に旗をもって下へと下って行き、陰府の前に至って、悪魔を打ち、追い払い、陰府をひっくり返し、ご自身に属する者たちをそこから呼び戻す様を壁に描くのを常とした。人々はまた復活祭の前夜子供たちのために劇を演じたりもした。人々が単純な人たちのためにこのように描いたり、演じたり、歌ったり、語ったりすることは、大いに私の意に適っている。そうあり続けるのがよかろう。これまで行われてきたように、高度な、鋭い考えをもって多くのことを得ようとしないがよい。主は三日も墓におられたのだから、ことはからだをもって起こったのではないからである。

何人かの学者もこれについて、主はご自身で実際に魂に従ってそこに行かれたのか、それともその力と働きとのみをもってそこに下られたのかと論じたように、主ご自身がどのようであったのかについて全く鋭く、微細に語ろうとしても、考察をもってしてはなにも得られず、究めることができないし、自分でもなにも理解できなかったからである。／この生の遥か上にあり、外にあることがどのように起こるかについては、私は口をもっては語ることはできないし、五感をもってとらえることはできないのだから、それはそのままにしておこう。主キリストが、大いに血の汗を流されたとき、庭でどのような思いと心であられたのかというような、この生のことであっても私はすべてを得ることはできず、みことばと信仰の内に留まらねばならない。このように、主がどのようにして陰府に下られたかについては、ことばや考察によってとらえうることはもっと少ない。ことばでわれわれに示されることについてはわれわれは思いと像においてとらえねばならず、像なしにはなにも考えたり、理解したりできないのだから、主が旗をもって下り、陰府の門を打ち破り、打ち壊されたと描き出す、ことばに従ってこれに注目し、高度で、理解できない考えを放置するというのは、素晴らしく、また、正しいことである。

そのような絵はこの条項の力と益とをよく示している。それだからこの条項は、キリストがいかに陰府の力を打ち砕き、悪魔からそのすべての力を奪ったかについて、まとめられ、説教され、信じられるのである。もしこれをもっていれば、私はこれについての正しい核と理解とをもっており、ことがどのように起こったのか、あるいは、どうすればこんなことが可能だったのかと、これ以上問うたり、詮索したりするべきではないのである。他の条項においても、理性のこうした詮索や物知りは禁じられるべきであり、また、なにも得られえないであろう。そうでなくて、好んで高く飛び、われわれ単純な者を馬鹿にするある人々のよ

うに自分でも賢くなろうと思うならば、私でも冗談を飛ばして、そのとき主はどんな旗をおもちだったのかとか、そ
20b れは布でできていたのか、／紙でできていたのかとか、それは陰府の中でも燃えなかったのはどうしてかとか、また、陰府にはどんな扉があり、どんな鍵が掛かっているのかなど、問い、そんなことを信じていると言って、キリスト者は最大のばか者だと見事に異教的に笑い飛ばすことができることであろう。これこそ、だれでもが学ばなくとも十分知っている卑しい、容易な技であって、豚や牛でもできることであろう。あるいは、先生ぶって比喩を考え出し、旗と杖、あるいは布と陰府の扉はなにを意味しているだろうか解いてみせることであろう。

ことは外的な華美を伴って、あるいは木製の旗と布で起こったのか、あるいは、陰府は木の建物か、鉄の建物かなどと信じたり、語ったりするほど、われわれは(神を賛美すべきことには)粗野ではない。われわれはそうした人々を両方とも、このように問うたり、詮索したり、解いたりするがままに放っておいて、人々が大雑把な絵でとらえているように、この条項が与えることについて、その他の、神の事柄についての教えを大雑把な、外的な像で示すように、単純に語ることにしよう。キリストご自身が福音書の至る所で民衆に天国の奥義を目に見えるような像とたとえによってお示しになったとおりである。あるいは人々が幼子イエスを、頭に蛇を載せた姿で描いたり、モーセがユダヤ人にイエスを荒野で、鉄の蛇として描いたりしたのと同

様である。同じく洗礼者ヨハネも、イエスを神の小羊と呼んで、羊と描いている。こうした像は極明瞭で容易であり、それによってひとつのことをとらえ、保つからであり、また、愛らしく、慰めに満ちている。そうしたことはほかではどこでもぴったりというわけには行かないが、／われわれを高度の考えをもってみことばから引き離して、われわれにこの高貴な条項の中へと理性をもって這い上がらせ、詮索させ、遂にはわれわれを突き落とそうとする悪魔をその危険な矢と攻撃もろとも防ぐのに役立つ。

昔の教父たちがこれについて語ったり、歌ったりしたことは疑いもなくわれわれの許にまで伝わっているのであって、「陰府を砕き、忌々しい悪魔をそこに閉じ込めた」などと昔の歌が響き、われわれも復活の日に歌うとおりである。もし子供か単純な人がこうした歌を聴くと、キリストが悪魔に打ち勝ち、そのすべての力を奪ったということ以外には考えないからである。これは正しく、キリスト教的な考えであって、正しい真理とこの条項の意図とに適っているが、それでも実際に起こったことの鋭さに比べれば、十分に語られても、表現されてもいない。私がこれについてとらえているところを、私の信仰を損なうことなく、正しい理解をきちんと明瞭明解に告げるとすれば、問題はどこにあろうか。たとえ長く、鋭くこれを求めても、みことばに堅く留まることがないならば、私はこれについては十分になにひとつとらえることはできず、すぐさま正しい理解を失うことであろう。人は普通の民衆には、できるかぎり子供のように単純に示さなければならない。そうでなければ二つにひとつ、人々はこれについてなにも学ばず、理解しないか、あるいはたとえ賢く、理性をもって高貴な考えの中に入り込もうとしても、信仰から全く離れてしまうかのいずれかであろう。／

私がこう語るのは、この世が今悪魔の名において賢くなり、信仰の条項を自分の頭の中でものにし、すべてを究めようとしているのを、私が見ているからである。このようにここで、キリストが陰府に下られたということを聞くと、この世はこれに飛びついて、ことはどう運んだのかと思弁し尽くそうとして、魂だけがそこに下ったのかとか、神性がこれに伴っていたのかとか、主はそこでなにをなさったのかとか、どのように悪魔とやり取りしたのかといったような、広い範囲にわたる、不必要な問を作り出して、しかもなにひとつ知りえないのである。しかしわれわれはそのような不必要な問を捨てて、ただもう単純にわれわれの心と思いとを信仰のことばに重ね、結び付ける。これは、「私は神のみ子、主キリストを信じる。主は死に、葬られ、陰府に下った」と言っている。すなわち、神であって人、分けることのできないからだと魂をもった、おとめから生まれた全人において苦しみ、死に、葬られたのである。このように私もこれをここで分けてしまうことをしないで、信じて、ひとつの位格において神であり、人である同じキリストが陰府に下ったが、そこには留まられなかったと言うべきである。主について詩編第16編［10節］が、「あなたは私の魂を陰府に残すことなく、あなたの聖者が朽ち果てるのを見ることをお許しにならない」と言っているとおりである。「魂」とは、われわれがからだとは別のものと言っているのとは違って、聖書では、神の聖者を呼んでいるとおりに、全人を指すのである。

人間が墓に横たわっていながら、陰府に下るなどというようなことがどうして起こりうるのかを、／われわれは究めることなく、理解することなく残しておくべきだし、そうしなければならない。人はこれをおおよそのこととして、身体的に描き、考えねばならず、強力な英雄か巨人ががっちりした城に軍勢を従えてやってきて、武具や武器やその類いを打ち壊し、そこにいた敵を捕らえ、縛るなどといったたとえによってこれについて語らねばならないにしても、もちろんことは身体的で手に取るように起こったのではないからである。それゆえ、この条項について「ことはどのように起こったのか」と問われたら、「私は事実なにも知らない。考えもつかないし、語ってみることもできない。でも私は大凡のことを描き、像にして、隠された事柄について少しはっきり語らせることはできる」とだけ単純に言うがよい。すなわち、主がそこに行き、勝利者として旗を掲げ、こうして扉を開け、悪魔どもの間に騒ぎを起こして、ここではひとりは窓、あそこではもうひとりが穴に首を突っ込んでいるという具合にである。

未熟な賢いさんよ、おまえが汚れた賢さをもってやって来て、「本当かい。陰府の扉は、大工の作った木の扉と聞いているが、どうしたらそんなに長く燃えないで残っているのかね」などと馬鹿にすれば、答えはこうなのである。そんなことは、お前の賢さが生まれる前から、私は知っていて、学ぶ必要もない。陰府は木でも石でも作られていないし、地上の家か城のように、扉も窓もなく、鍵も閂もない、
J い、主が布の旗でこれを打ち壊したのでなければ、と。／神を賛美すべきことには、私もどこかのこうした賢いさんと同じように、そうしたことについて語り、加えて、そうした像や姿をもってすべてをうまく説明し、彼らが説明することを解説することもできる。しかし私は、自分でも理解せず、悪魔が道を踏み外させようとしている、高度の考えに赴くよりも、子供のような理解と、単純明瞭なことばに留まりたい。そうした像は私にはなんら害にならないし、誘うこともなく、かえってこの条項をより一層強くとらえ、保つのに役立ち、助けになる。理解は純粋で、(門や扉や旗が木であろうと、鉄であろうと、なんでなくとも)惑わされることもない。たとえ合っていなくとも、描いていることが本当でなくとも、知らないすべてのことを像によってとらえるように、たとえ旗や門や扉や鎖が木で、石でできていてもどちらでもなくとも、ここでも私は、キリストご自身が陰府を打ち壊し、悪魔を虜にしたと信じている。私がキリストについて信じるべきことが、このような像によって示されていて、これを保つならば、なんら問題ではない。これこそ主要条項であって、私にせよ、主を信じるすべての者にせよ、陰府や悪魔によって捕らえられず、損

なわれることのないものをもつ益であり、力である。

われわれがこのことばを保ち、この主要条項に留まって、自分をキリストによって陰府から引き離し、／悪魔の国と力とが全く打ち壊されるように、このために主は死に、葬られ、陰府に下って、もはやわれわれを害することも、征服することもなくしたと、この条項について最も単純に語られるとよい。マタイによる福音書第16章［18節］自体が告げているとおりである。たとえ陰府自体が陰府で留まり続け、死や罪や他の災いも、信じない者をそこに留まらせ、損なうように、また、われわれ自身をも、肉と外的な人間に従って恐れさせ、脅して、自分で自分を打ったり、噛んだりしなければならないほどに、陰府が捕らえ続けても、そうしたものは信仰と霊においてすべて打ち壊され、引き裂かれて、われわれをもはやなんら損なうことができないのである。

われわれの主キリストが陰府に下ったということはすべて、この唯一の方によって打ち立てられたことである。そうでなければこの世はそのすべての力をもってしても、だれかを悪魔の縄目から解放したり、ひとつの罪でも陰府の苦痛や力から取り出したりできなかったであろう。たとえすべての聖人が一人の人の罪のために陰府に下ったとしても、不可能であった。地上に生まれたすべての人は、神の聖なる、全能のみ子が自らそこに赴かれて、ご自身の神的な力によって陰府を手中にし、打ち壊されたのでなければ、永遠にそこに留まらねばならなかったのである。カルトゥ

ジア会士の修道帽も、裸足修道士の杖も、すべての修道士
の聖さも、全世界の権力と力も、陰府の火の小さな灯火す
J ij ら消すことはできないからである。／しかしこの方が自ら
旗をかざしてそこに下ると、このことが起こる。そうなれ
ばすべての悪魔は、自らの死と毒が来たと走って逃げ、陰
府全体がその火もろとも主の前に消えてしまわねばならな
い。どんなキリスト者もこれを恐れる必要はなくなり、主
がそこにおられなくなっても、もはや陰府の苦痛に遭うこ
ともない。キリストによって死を味わうこともなくなり、
死と陰府を通り抜けて、永遠のいのちへと至るのである。

　われわれの主キリストは死んで、陰府に下られたが、そこに留まろうとはなさらなかった。(それではわれわれを最終的に助けたことにならないからである。)再び死と陰府とから出て、いのちに戻り、天に昇って、死と悪魔と陰府に対するご自身の勝ちと勝利を明らかに示された。この条項によれば、三日目に死人の内から復活されたことによってである。これこそ、われわれがもつすべてのものの内で最終の、最善のものである。そこには権力、権能、力、また天と地にあるものすべてがあるからである。主が死から復活なさったことによって、死と、死の力をもち、あるいは死へと仕えるすべてのものに対して強力な主となって、死が主をもはや食い尽くすことも虜にすることもできず、罪がもはや主に帰せられることも、死に追いやることもなく、悪魔がもはや主を告発し、この世かある被造物が主を苦しめ、損なうことがないようになさったのである。こう

したすべてのものはわれわれに向かって、処刑人として死と陰府とに仕え、処刑し、／われわれをこれに駆り立て、これに引き渡す以外には、もはやなにひとつ行うことがない。しかし死から逃れ、その縄目を免れていて、死がもはや押さえ、虜にできない者は、ほかのすべてのものからも免れ、この世と悪魔、奸計と剣、火や処刑台、またすべての苦痛に対して(小さい)主であり、これを免れ、これに抗することができる。

この誉れはまたも主キリストにのみ属する。主がこれをその全能の、神的な力によってもたらされたからである。それもご自身のためではなく、死と悪魔とに永遠に捕らえられていなければならなかった貧しい、哀れな人間であるわれわれのためにである。主はそもそもご自身では、死やすべての災いに対して安全であり、死ぬ必要も、陰府に下る必要もなかったからである。ところがわれわれの肉と血をまとって、われわれの罪と罰と災いとをすべてご自身に引き受けたので、われわれがそこから出るのを助けようとして、再び生き、からだをもって、その人性に従って、死に対する主となられて、われわれが主にあって、また主によって遂に死とすべての災いとから脱するようにしてくださったのである。それゆえ主は聖書において、「死人の中からの初穂」［Ｉコリント15章20節］と呼ばれるのである。主は永遠のいのちに向けてわれわれのために道を開き、先立って行き、われわれも主の復活によってこれに従い、死と陰府に対して輝かしい勝利を得、死と陰府に捕らえられ

ていたわれわれが信仰によってそれから贖われるばかりで
J iij なく、勝利を収めて、主となり、主の復活を着せられ、／
やがてみなからだをもって、見える形で復活し、昇って行
くことになるようにしてくださった。こうしてすべてのも
のは永遠にわれわれの足下に横たわることにならざるをえ
ない。

　さてそこで、強い信仰がこれに加わる。この条項を強く、またよくし、「キリストは復活した」ということばを大きな文字で心に書き記し、これを天と地よりも大きくし、この条項以外のなにも見ようとも、聞こうとも、考えようとも、知ろうともしない信仰である。この信仰は被造物全体の中にこれ以外のものが書かれていないとして、自らこれに浸かって、この条項のみのために生きようとする。この条項の真の教師として聖パウロがこれについて語り、強調して、キリストが復活した事実で心と口の両方を満たし、ひたすらこうしたことばを告げているとおりである。「神はわれわれをキリストと共に生かし、われわれをキリストと共に復活させ、キリストと共に天の座に着かせてくださった」と、エフェソの信徒への手紙第２章［５、６節］で告げる。同じくガラテヤの信徒への手紙第２章［20節］には、「私はもはや生きていない。キリストが私の内に生きておられる」と言っている。またローマの信徒への手紙第８章［33、34節］には、「だれが神に選ばれた者を咎めようとするだろうか。神はここで、義とする方である。だれが罪に定めようとするだろうか。キリストはここで、死

んで、いやそれ以上に、復活なさった方である」などと言っている。

さてわれわれもまたこのように信じるとすれば、よく生き、死ぬことであろう。このような信仰は、主が自ら復活なさっただけではなく、／これがわれわれにも当てはまり、われわれもまたこの「主は復活なさった」ということの内に立ち、そこに含まれていることを教えるからである。われわれはこの復活のゆえに、またこの復活を通して、復活し、主と共に永遠に生きる。われわれの復活といのちとは（聖パウロも言っているとおり）キリストにあって既に起こっており、まだ隠されていて、明らかにはなっていないものの、既に起こったかのごとくに確かである。これからはこの条項に注目して、全天全地にこれ以外のものをなにも見ることがないかのごとくに、これに逆らうように見えるものはなにひとつないとするべきである。一人のキリスト者が死んで、葬られ、そこには死以外のなにもなく、目と耳の両方にただ死のみがあるようであるのをあなたが見るならば、それでもなお信仰によって、そこに、それをとおして、死の姿の代わりに別の姿があって、墓も死も見ず、かえっていのちだけがあり、美しい、楽しい庭かみどりの牧場に新しい、生きて、喜んでいる一人の人を見るかのごとくに注目するがよい。

キリストが死から復活したことが真実であれば、われわれは既に復活の最善の部分と最良の部分をもっていて、（まだ来るべきものである）墓からのからだの復活がそれに比べれば取るに足りないように思えるからである。われわれも全世界も、われわれの頭であるキリストに比べれば、一体なんであろうか。海に比べる一滴の水、大きな山に比べる小さな塵の山に過ぎないではないか。キリスト教会がこの方によって生き、すべてをもち、これほど大きいところの頭であるキリストが／天と地を満たし、墓から復活し、そうすることによって、われわれも聴いたとおりに、すべてのものの、それゆえまた死と陰府との力強い主となられたのであるから、その肢とされているわれわれもまた、主の復活を我が身に受け、これに触れられ、まさしくこれに与って、主が裁きから脱したことも、われわれのために起こったこととなる。主がその復活によってすべてのものをご自身に引き受け、天も地も、日も月も、共に新しくならねばならないように、主はわれわれをもご自身のみ許に導き、聖パウロがテサロニケの信徒への手紙一第4章［11節］とローマの信徒への手紙第8章［11節］で言っているとおり、キリストを死から復活させた同じ神が、われわれの死ぬべきからだも生かして、また、今は虚無に服していて、なおわれわれの栄光を待ち望んでいるすべての被造物もわれわれと共に過ぎ行く姿から自由になり、輝かしくしてくださるのである。こうしてわれわれは復活の半分以上を既にもっている。頭であり、心臓である方が既に上におられて、ただからだが地上に残されていて、なおほんの少しを加えるだけで新しくされるからである。頭のあるところに、からだもあらねばならない。すべての動物がこの生に生まれてくるとき、われわれが見ているとおりである。

なお半分以上のことが起こっているのである。遥かに半分以上である。すなわち、われわれは洗礼によって信仰において既に霊的に、つまり、われわれの最善の部分において復活しているばかりでなく、／また、われわれの頭が墓から天に昇ったことにおいて、最善のことが身体的に起こったばかりでなく、霊的な面においてわれわれの魂がこれに与り、(聖パウロが言うのを常としているように)キリストと共に天にいるのである。残りの半分、殻かかけらだけがここ下にあるが、主な部分のためにその後を追って行かねばならない。このからだは、聖パウロが言うように、魂にとって、土や陶土から作られた器であり、古くなった衣服であり、古く、擦り切れた毛皮であるからである。しかし魂は信仰によって既に新しい、永遠の、天のいのちの内にあり、死ぬことも葬られることもないから、この哀れな器、古い毛皮もまた新しくなり、もはや過ぎ行くことのないようになること以上のことを待ち望む必要がないのである。最善の部分が上にあり、われわれを捨て置くことができないからである。「主は復活した」と言われる方が死と墓から出られたので、「私は信じます」と言い、これに依り頼む者もまた、上に行くのである。われわれがそのみ跡に従うようにと、主はわれわれに先立って行かれたからである。われわれがみことばと洗礼とによって主にあって日毎に復活するということは、既に始まっているのである。

見よ、このようにわれわれは、死を眼前に突き付け、そ

のような姿で恐れさせようとし、復活についての条項を疑
わせ、揺さぶろうとする、肉の外的で身体的な見掛けに逆
𝔄 らって、このような信仰の思いに習熟すべきである。／理
性をして、目に見えるところに従っておのが思いにすがっ
て、これに逆らいみことばを心の内にとらえようとさせな
いならば、大いに頭にくることであろう。そのときにはた
だ死の思いしかもつことができないからである。すなわち、
彼が見るのは、からだがそこに、死んだ猿以上にひどく醜
く横たわり、ひどく腐り、臭いがし、地上のだれもがそれ
に耐えられないほどで、どんな薬も助けとならず、あるい
は防ぐこともできず、焼いてしまうか、できるだけ深く地
中に埋めるほかない姿だからである。

しかしあなたがこのことばを信仰においてとらえるならば、別の姿を得ることになる。すなわち、この死を通り越して、復活といのちの思いや姿との中へと入っていくのを見ることができる。これこそまさに復活といのちの始まりとの一部であって、信仰によってそこに至り、復活をとらえておらず、こうして外的な人を引きずっていて、これに従って考え、生きねばならない者はだれももつことのできない、新しい念いと思いを作る。それゆえこの人は、すべての人の本性や考えに逆らってこう結論し、語ることができる。すなわち、「見ており、理解しているとおりに、理性に従ってことを定めようとすれば、私は滅びる。しかし私は、目が見、感覚が感じるより高い、信仰が私に教える理解をもっている。この本文には、『主は復活なさった』

とあるからであるが、それもご自身のためではなく、われわれのためである。こうして主の復活はわれわれのものとなり、／われわれも主にあって復活し、墓と死の中に留まることがないのであって、主と共にからだをもって永遠の復活日を守るのである」と。

見るがよい。農夫はどのように行うだろうか。彼は畑に種を蒔き、種を地中に投げ込むと、腐って、なくなってしまい、すべては滅びたかに見える。ところが彼は、なんでもないかのように、これを全く心配せず、いや、種がどこにあるのかを忘れてしまって、種についてなにも、どうなっているのか、虫が食べ、あるいは腐ってしまったのかなど、問おうともせず、復活日や聖霊降臨日の頃になれば美しい茎が生じてき、長く経たない内に、蒔いたよりも遥かに多くの穀物を実らせるという考えに明け暮れている。穀物が成長するのを見たことのない、ほかの人がこれを見れば、きっと彼にこう言うことであろう。「おまえはなにをしているのだ、馬鹿だなあ。おまえは狂った、愚か者だ。穀物を役にも立てずに、地中に蒔き散らかして、腐らせ、駄目にして、だれの益にもならないではないか」と。あなたがそう彼に尋ねれば、彼は全く違った答えをして、こう言うだろう。「穀物を無駄に蒔きちらしてはいけないことは、お前以上に、私がずっとよく知っている。でも私は、穀物を駄目にするためにこうしているのではない。種が地中でなくなって、別の姿となって、多くの実を結ぶためにこうしているのだ。こうしたことを見たり、行ったりする

人はだれでも、こう考えるがよい。われわれは、眼前に見ていることによってことを立てるのではなく、われわれが
A ij 神の働きを毎年見、／経験して来たが、それでも、どうしてそうなるのか知らず、理解できないところに従ってことを立てるのである。われわれの力では茎一本でも地中から得ることはできないのだ」と。

　われわれは今はこうした地上でのあり方の中でこうしたことを行わねばならないので、いよいよもってこの条項において、(とらえることも、理解することもできない)こうしたことを学ばねばならない。神のことばをもち、キリストが死から復活なさったという経験を更にもっているからである。われわれのからだが葬られ、焼かれ、あるいは地に帰るように、眼前に見ることをもってことを立てず、どうなっていくかは神に任せ、委ねるのである。われわれが眼前に見ているだけならば、信仰など必要ないし、神も、われわれの知恵や理解を超えてその知恵と力とをお示しになる場をお持ちにならないことになろうからである。それゆえ呻きや嘆きの中でも、いのちの、慰めある、喜ばしい思いを汲み、神が冬に地中でそれを守り、腐らせて、夏に太陽よりもずっと美しく昇ってくるようにしてくださるのを待つというのは、キリスト者の生き方であり、知恵である。そうなれば、墓は墓でなく、そこに美しい草花やバラが植えられた、虫一杯の美しい庭であり、夏になれば緑と花で一杯になるであろう。それはキリストの墓が空っぽで、臭うことなく、愛すべく、栄光あり、美しかったと同様で

ある。
愛する、聖なる殉教者も／おとめたちも、人々が彼らを獄屋にまた、死に赴かせたとき、このように語り、考えたのだった。聖アガータについて読むとおりである。彼女は踊りに行くかのように、人々が脅すすべての受難や苦痛を、踊るように促す歌の笛の調べのようにしか考えなかったという。また聖ヴィンツェンティウスや他の人についてはこう書いている。彼らは喜びと笑いをもって死に赴いて、彼らの裁判官や処刑人はそのため笑い者にされたという。彼らは、どの農夫も畑からの収穫を思い浮かべた以上に、復活を堅く思い浮かべて、処刑人も死も悪魔もこれに比べれば笑い者に過ぎないと確かにとらえたのだった。

こうしたことをわれわれは学ぼうではないか。悪魔がその槍をわれわれに向けて研ぎすまし、死と陰府をもってわれわれを脅しても、われわれはこの条項をわれわれの心の内へと推し進め、これを慰めとし、この上に立って戦うことができるためである。(既に言ったように)すべてが掛かっているわれわれの頭が復活し、生き、われわれはこの主にあって洗礼を受けているのだから、われわれは既に半分以上の道を過ぎてきており、古い皮膚を全く脱ぎ捨てて、それが再び全く新しくなるためには、小さい部分が残っているだけである。われわれは遺産全体を既にもっているので、覆いと殻はこれに確かに続くほかないからである。

今回はこれで、この条項について、われわれの主イエス・キリストについて説教されたこととしよう。一人のキ

リスト者が知るべき、われわれの知恵と生き方とがすべて
A iij ここに収められ、含まれていることを見るがよい。／これこそ確かにすべての知恵と生き方を超える高い知恵なのである。しかしこれは地上で作られたものでも、われわれの頭から成長してきたものでもなくて、天から啓示されたものであって、神の、霊的な知恵と呼ばれており、（聖パウロが言っているとおり）神秘の内に隠されているものである。理性やこの世は、これを前に出されても、このどの部分たりとも、自分の力では得ることも、とらえることも、理解することもできないからである。むしろこれに反対するだけで、こうした教えにつまずき、これを全くの、大きな愚かさと考える。神はみことばもろとも、彼らにとってはただ愚か者、いやそれ以上に、嘘つきであって、神が語り、教えられることは、すべて断罪されねばならず、最も悪い異端であって、悪魔の誘惑と呼ばれることになる。たとえ、彼らもわれわれと共に毎日歌い語っているこの本文以外のことをなにも教えていなくとも、われわれが今われわれの仲間からも経験し、受けているとおりである。われわれが彼らから異端者であると辱められるのには、主イエス・キリストについてのこの条項を明白、強力に推し進め、これを誇りとしていること以外の理由はないのである。われわれがもっているもので、これのみがすべてであり、正しいのであって、これによってわれわれはキリスト者と呼ばれており、他のいかなる主も、義も聖も知ろうとしないわけである。こうなるのはわれわれにとって大きな慰めと

なる。主キリストと信仰のゆえ以外のどんなもののゆえにもわれわれは迫害されていないからである。これをわれわれは使徒たちから受けたのであり、これはこれまでも全世界に及んだし、存続してきたからである。これがこの世の前では、われわれの罪となり、異端となる。／しかし、これは神の前で、キリスト教会の初め以来の全聖徒と共に、われわれの大胆と誇りと喜びなのである。そこでわれわれは、ここにこそわれわれの知恵と幸いと救いとがあるとして、ここに留まり、ただこのあり方だけを日毎に学ぶことにしよう。この条項が存続するところ、この事柄について確信し、正しい判断をもって、他のすべての教えと生活に優って語ることのできる、すべてのものがあるのである。逆に、この条項が倒れ伏してしまえば、われわれの救いも慰めも知恵もすべてが倒れてしまい、教えについても生活についてももはやだれも正しく裁き、判断することができなくなってしまう。神がその愛するみ子、われわれの主イエス・キリストによってわれわれを助けてくださるように。この神に永遠に賛美あれ。アーメン。

ウィッテンベルクで印刷
ニケル・シルレンツ
1533年

解　説

徳善　義和

この復刻版は

この復刻版はルーテル学院大学・日本ルーテル神学校図書館が2009年9月27日の神学校創立百年を記念して入手した、1533年のルターの説教の初版Bによるものである。「トルガウで説教された、イエス・キリストについての、マルチン・ルターの説教」である。この背景を説明するために、当時の出版事情から始めて短い解説を試みたい。

この頃の書物

当時の出版事情　グーテンベルクによる活版印刷術の発明は1450年頃のことである。ぶどう搾り機を改良したと言われる印刷機はもちろんのことだが、1字単位で作成された金属の「活字」を使って、これを配列し、これを印刷するという画期的な発明は、書写によって作成されてきた西欧の書物事情を一変させた。中世においては書写による書物は、学者たちにとっても、彩色まで施した聖書や祈祷書などの豪華本を所有しようとする人々にとっても、非常に貴重で、それぞれに応じて高価でもあった。そうした作業は主として修道院において、そのために特別に訓練された「書写修道士」の手によって行われていた。こうしたものをまとまった数生産して、大きな利益を得ようとしたのが、活版印刷に至った単純な、最初の目論見であったという。だがこれは当て外れに終わった。今や可能になった書物の大量生産は適当な価格で、本が必要な人々の手に渡るという結果を産み出したから、この書物の普及が文化、学芸のレベルで大きな成果を挙げたのがルネサンスとフマニスムスである。若いフマニストたちが入手したギリシア、ラテンの古代文献を校訂し、注釈を付けて、出版した、いわばブームとなった現象はこの活版印刷なしには考えられない。1500年までには、ヨーロッパの200以上の都市に印刷所があったと言うし、1520年には神聖ローマ帝国内とスイスに63の印刷所があって、中でもケルン、ニュールンベルク、ストラスブール、バーゼル、ウィッテンベルク、アウグスブルクが中心を占めたが、ケルンを除く他の都市は宗教改革と密接な関係がある[i]。

ウィッテンベルクを見てみよう。ザクセン選帝侯の四つの居城のひとつがあり、1502年に選帝侯が自らの領土内の唯一の大学を目指して、大学を創設した町なのだが、推定で人口2000から4000と見てよかろう。エルベ河畔にあって、城壁に囲まれていたこの町は、どちらの方向に向かって歩いても10分も歩けば、端から端まで歩けてしまう大きさの町だが、ここに何軒もの印刷所が存在した。ルター著作の印刷に早くから登場してくるのはヨハン・ラウーグルーネンベルクだが、これにハンス・ルフト、ニケル・シルレンツが登場し、ライプツィヒから移ってメルキオール・ロッターが加わり、やがては絵画で知られ、この町で手広く薬局も営んでおり、市長も務めたルカス・クラナッハもこれに参入する。ルターの生存中の、この町の印刷所は計20を数える[ii]。当時は原稿料とか印税とか、著者に対する手当など考えられていなかった時代に、クラナッハは手当を出して、ルターを自社の専属執筆者としようとしたがルターに断わられたという経緯も分かっている。それもほんの5年ほどを中心とする期間に起こった、急激な変化であった。こうした印刷の諸経費もさることながら、ヨーロッパでは紙は布を煮溶かして漉いたというから、でき上がる紙は厚手となるのはもちろん、高価にもなって、印刷される書物の値段も決して安いとは言えなかったであろう。ちなみに1522年に二つ折版(大体21cm×29.5cm)で出版されたドイツ語新約聖書は、当時で牛1頭の値段だったと言われている。これは選帝侯認可だったから、まさに「洛陽の紙価を高める」結果となった。全体としても印刷業が盛んとなったこの町の経済状況も推し量ることができそうである。

情報の受け手　この活版印刷は宗教改革において、いわば史上初のマスメディアとなった。書物や印刷物は大衆レベルで宗教改革の信仰や情報を伝達することになり、また、いわゆる「ちらし」と共にプロパガンダの手段となった。フマニスムスまでの出版の大部を占めていたのは、当時の各国の学者に共通のラテン語の著作であったが、宗教改革期においてはラテン語出版を凌駕して、圧倒的な数の各国語、特にドイツ語の書物が出版された。ルターがドイツ語著作を出版し始めた直後浴びせられた、「ドイツ語で著作するなどは愚かしいこと」という批判や非難はたちまちかき消されてしまった。出版言語の変化が著しかったのである。いま一つは、民衆の言語による出版は読書以外の方法による情報の伝達、普及を可能にした点である。ラテン語著作は、当時のヨーロッパでも極少数の、ラテン語の読める学者、識者による読書を専ら前提とした。民衆の言語による出版の場合でも、読書を前提とするならば、その言語を読める層は、ラテン語の場合より少し増える程度と言っても、依然として少数に留まる。推定では平均して10人に１人、庶民レベルでは20人から30人に１人の識字率と言われる。大衆レベルでは書物の情報の伝達は朗読や、説教や話の中での引用によったのである。字の読める人一人が平均すれば百人、いやそれ以上の人々に読み聞かせたと思われる。その一人が説教者であった場合にはそれは数百人に及んだであろう。ルターのドイツ語著作のドイツ語を見れば、書き言葉というよりもむしろ話し言葉、それも整えられた話し言葉である、と聴いたことがある。それも特に初期のそれには、段落毎に番号が「第一、第二」という具合に付されているのも、話の展開や区切りを朗読の聴き手に知らせる、朗読のための手立てでもあったであろう。情報の発信者の側の熱意と、受け手の側のニードとが、民衆の言語による出版と、出版されたものの朗読という伝達手段を得て、画期的な結果を産み出すことになったのである。

当時のドイツ語　当時のドイツ語はドイツ語学上では「初期新高ドイツ語」と呼ばれるものである。「新」とは「古」や「中」と区別されてのことである。現代ドイツ語は同じ区分で「新高ドイツ語」に区分されているから、大きく見れば16世紀あたりからドイツ語は近代ドイツ語というカテゴリーに入って、古代のドイツ語や中世のドイツ語とは区別されている（中世のドイツ語でわれわれの目に触れるものといえば、マイスター・エックハルトのものなどがそれに当たる）。「高」とは「低」に対する区分で、簡単に言えば、海に近い低地地方のドイツ語で、現代語で見ると、いわばオランダ語に近いドイツ語に対して、ドイツ中部から南部、「低地」に対する「高地」のドイツ語である、と言ってよい。ルターの同僚で、ウィッテンベルクの町教会の牧師であり、北ドイツからデンマークまでの各地の「教会規則」の制定に貢献したブーゲンハーゲンは「低ドイツ語」でこうした規則や著作を残している。彼などの努力によって、ルター著作も数多く「低ドイツ語」に訳されてもいる。

印刷されたルターのドイツ語はともかく初期の「新高ドイツ語」に区分されている。16世紀の日本語と現代の日本語との差を考えれば、ドイツ語の場合、それほど大きな差を感じないのは、私が所詮外国語としてこの言語に接しているということによるのだろうか。同時代の著作としてはフッテンとか、ハンス・ザックスの名が知られている。

話し言葉が印刷されると　ともかくルターの時代に、ルターを中心にして、それまでは専ら話し言葉だったものがかなり大量に印刷されて、人々の手に渡るようになったのである。そこで、問題はその表記の仕方になる。文章一般についてのルールはラテン語の場合の経験をそのまま生かせばよかった。問題はドイツ語自体の表記、それも綴りにあった。「正字法」という、綴りのルールはまだ定まっていなかったから、書く人次第だし、同じ人でも一定しないということになる。この時代のかなりの量のドイツ語著作の出版、特にルター訳の聖書の印刷、出版がこの「正字法」の確立に大いに貢献したのである。それも、著者たちの努力というよりも、印刷者の努力によると言った方がよいようである。印刷者が綴りなど「正字法」に関する自社ルールを次第に整えていって、次の時期になってドイツ語の「書き方」が整ったと言ってよいであろう。以下にも述べるように、短い間を置いて、同じ印刷所から出版されるものでも、綴りの面で改訂が加えられるということが起こるのである。

ルター著作の出版事情

ルターの著作では、表紙にルターの名は見られないものの、ルターの意志に基づいて最初に出版されたのは1516年の『ドイツ神学(不完全版)』であって、これにルターは序文を書いた(後にこのよりよい版を見つけて、1518年には『ドイツ神学(完全版)』を出版した)。ルター著作の出版は以後、ルターの意志によるものも、よらないものも含めて、死に至るまで続いて、当時の各国語訳まで含めて、3692点が数えられている[iii]。Edwards はラテン語とドイツ語の出版点数のみを数えて、1516年から1546年までの毎年の初版点数と重版を含めた総点数を一覧表にしている[iv]が、30年間にわたるその総計だけを示せば、

ドイツ語著作	初版	414点	総点数	2645点
ラテン語著作		130		538
計		544		3183

となる。総点数ではドイツ語著作が全体の83%を占めている。両言語を合わせた出版点数を年ごとに数えると、初版点数が年に20点を越えるのは1519年から1526年までであって、その間の初版総点数270点と、全体の初版点数の半数を占める。1522年は45点、23年は55点に及んでいるのである。これらはすべていわゆるパンフレット型であって、1冊が平均して四つ折版(大体14.7cm×21cm) 40葉程度の大きさであるが、各版の発行部数が1000部と推定すれば、生涯に310万部を超えるわけであって、それはこの年代の全ヨーロッパにおける書物の総発行部数600万部(推定)の半数を占めることにもなる。Edwards は1518年から1525年までの、ルターを含めた各地の宗教改革者18人のドイツ語著作の初版と重版を含めた出版総点数を

挙げているが[v]、それをルターと残りの17人の計で比べてみると、

ルター	初版	219	総点数	1465
17人		331		807

となり、ルター一人が初版点数で5分の2と過半数には至らないものの、総点数では圧倒的に3分の2に近い割合いを示すから、そのシェアの割合が分かると共に、ルター著作の重版の求めがいかに大きかったかという事実も明らかになる。

Benzingがリストしているところによって、『キリスト者の自由』の出版事情を見てみよう[vi]。初版A版は1520年、ウィッテンベルクのヨハン・ラウーグルーネンベルクの出版で、四つ折版12葉である(図版1参照)。同年のB版とC版はライプツィヒのメルキオール・ロターの印刷で、四つ折版16葉。以後1531年までに20版を数える。

図1 『キリスト者の自由』初版

これらの版の相互の関係についても、それぞれの版の基となった版などについて、ある程度まで明らかになっている。1523年の低地ドイツ語版もひとつある。こうした重版事情は当時の出版事情を反映しているわけで、まだ著作権などという考え方はないから、印刷所は求めさえあれば、1部を入手した段階で自ら版を起こし、いわば勝手に出版したわけである。限定出版の形を

取ったのは、ルター訳のドイツ語聖書だけと言ってもよく、これは選帝侯認可を得て、ウィッテンベルクのハンス・ルフトから出版された。『キリスト者の自由』のラテン語版は、ドイツ語版とほぼ並行しているものの、独立して書かれたものだが、『教皇レオ宛ての書簡』と共に、1520年上記の印刷所で初版、四つ折版18葉で出版された。同年のウィーンでの再版の後、1524年まで10版が確認されているし、レオ・ユトによるドイツ語訳がチューリヒで1521年に出版されており、英訳がロンドンで1535年、オランダ語訳が出版年不祥で、スペイン語訳が1540年に、チェコ語訳が1521年に出版されている。

ちなみに、エラスムスの『評論　自由意志について』に反駁してルターが1526年に出版した『奴隷的意志について』は、八折版168葉だが、この初版本をこの著作の邦訳者山内宣氏が1971年にオランダでのオークションで入手、創設時の日本ルター学会の席上で披露されたことがあった。ワイマール版所収の本文との異同を調べて、研究したいとの意欲をもたれて、これに当たられた（ルター著作集第１集第７巻の同氏の訳に細かい赤字の入ったものをルーテル学院大学ルター研究所は所有している）。同氏の逝去後に蔵書の整理を、甥に当たられた隅谷三喜男先生に依頼されてこれに当たったが、残されたものの中からは見出すことができず、今に至るまで所在が不明であって、日本のルター研究にとって大きな損失と考えている。

ルターの説教の出版も多く見られるが、それらの多くは語られた説教の筆記に基づくものであって、必ずしもルターの同意を得たり、ルター自身が手を入れたりしていない。そうした説教の出版の最初のものは、1519年ライプツィヒ討論の際、聖ペトロとパウロの日

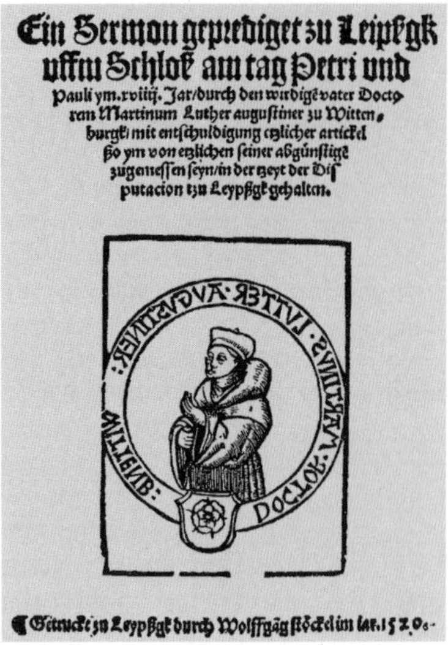
Ein Sermon geprediget zu Leipßgk
uffm Schloß am tag Petri und
Pauli ym. xviiij. Jar/durch den wirdigē vater Docto-
rem Martinum Luther augustiner zu Witten-
burgk/ mit entschuldigung etzlicher artickel
ßo ym von etzlichen seiner abgünstigē
zugemessen seyn/in der tzeyt der Dis-
putacion tzu Leypßgk gehalten.

Gedruckt zu Leypßgk durch Wolffgāg stöckel im Jar. 1520.

図２　ルターの説教の初めての出版

（６月29日）に、ライプツィヒの城（プライセンブルク城）で行われた説教がすぐにライプツィヒのヴォルフガンク・シュテッケルから四つ折版４葉で出版された。この表紙には印刷された最初のルター肖像が印刷されていて、それを丸く囲む文字が逆刷りになっていることで有名である（図版２参照）。

当時の出版の様子を見れば、四つ折版の場合全紙に片面８頁、両面で16頁印刷して１折８葉（16頁）となる。それがなん折か集められて１冊の本となるが、多くはせいぜい２折32頁という大きさである。表紙も裏表紙も特に本文と区別はない。当時はまだ頁は付されていないから、頁の続きの確認には、次頁の頭の単語が前頁の本文の下、頁右隅に印刷されているのが面白いし、丁合いのために４葉毎に符号が入れられている。表紙も、しばしば本の内容を表す説明や著者、印刷所が書かれているだけだったが、やがてそれらの文字を中央に囲って、その周りに本の主題と関係のある版画などを配するようになった。

『イエス・キリストについて、マルチン・ルターの説教』

原本の表紙はほぼそのまま翻訳の表紙に生かしてみた。表紙には、これが「イエス・キリストについての説教」であって、説教者はマルチン・ルター、トルガウの宮廷で説教されたものであることが明記されている。加えて出版地はウィッテンベルク、発行年は1533年と明記され、枠取りの版画の下、中央の部分にNとSの文字を重ねて印刷所を示しているが、これは印刷の最終頁の下に補われて、「ウィッテンベルクでニケル・シルレンツにより印刷。1533年」と明示される。

このタイトルと発行年を手掛かりにBenzingに当たると[vii]、2点出版されていることが分かる。

3044 発行に関しては、表紙に「ウィッテンベルク、1532年」とあり、印刷の最終頁には「ウィッテンベルクでニケル・シルレンツにより印刷。1533年」とあって、一致しない。このほかにも印刷の誤りがあって、印刷された最終頁、上記の印刷所についての記録の上部には、小さく正誤表が付されていると言う。四つ折版42葉で、裏表紙に当たる最終頁は空白である。ワイマール版第37巻XXI頁ではこれをA版と呼んでいる。現存はアシャッフェンブルク宮廷図書館、ゲッティンゲン大学図書館、ゴータ州立図書館、ハイデルベルク大学図書館、ロンドン大英博物館、マールブルク大学図書館、シュトゥットガルト州立図書館、ウォルムスルター図書館と確認されている。

3045 表紙と巻末の記載は訳を参照されたい。四つ折版40葉、裏表紙は空白とあるので、これらが一致するから、これが今回入手したものであることが確認される。ワイマール版第37巻XXII頁ではこれをB版と呼んでいるが、A版の表紙の「1532年」の誤記と共に、誤植の訂正も考えて、同年中によりよい版の印刷、発行に至ったものであろう。現存はコーブルク州立図書館、ゲッティンゲン大学図書館、イエナ大学図書館、コペンハーゲン王立図書館、ロンドン大英博物館、ショイルル（フィシュバッハ、個人か）と確認されており、今回は隠れた個人所蔵の出現で、これにルーテル学院大学図書館が加わるのであろうか。

Bは全体としてAを忠実に再現しながら、ウムラウト(変母音)をより忠実に表記し、その他でも校正の跡が認められる。ワイマール版はAに拠って、第37巻35－72頁にこれを収め、Bによって脚注でその改訂を明示している。

ラテン語訳は2286『聖パウロのエフェソの信徒への手紙第6章の説教』と題された1535年の四つ折版120葉の中に、この説教の最初の1頁半ほどが訳されている(WA 19, 178)。

この説教の歴史的背景

日時の点ではこの小冊子自体には、1533年としか書かれていないこの説教の、実際上の背景はどうであろうか。内容には、復活日への言及があるから、この年の復活の季節のものと思われる。この年の復活日は4月13日である。ルターはその週15日(火)にウィッテンベルクで説教している。18日(金)にはウィッテンベルクにいたことが分かっているから、ワイマール版の解説も、Benzingも、この説教が16日と17日の両日にトルガウで行われたものであろうと推定する。トルガウはウィッテンベルクと並ぶ、ザクセン選帝侯の居城のひとつがある町で、両者は今なら車で1時間ほどの距離である。日程的に可能である。ルターはトルガウの城で選帝侯ヨハン・フリードリヒその他宮廷の人々の前で、この2日間に、使徒信条第2項に基づいて、3回説教したことになる。

宗教改革の始まった頃の選帝侯はフリードリヒだった。この後に選帝侯になったのは弟のヨハンであった。ルターのこの説教を聴いたのはその子ヨハン・フリードリヒであるが、彼は若い頃からルターに私淑し、ルターも宗教改革的君侯としての成長に期待していた。1522年には『マグニフィカト(マリアの歌)独訳と講解』を書いて献呈したが、そこには若い皇太子に宛てての「君侯鑑」が示されている。こういう個人的な関係の中で、この説教も語られていると言ってよいであろう。

この時この城には礼拝堂はなかったと思われる。説教は宮廷の大広間で行われたのだろうか。この説教から11年後に、この城に宮廷礼拝堂が建てられた。宗教改革となっても一般に、実際には教会堂はそれ以前のものを整えて用いていたから、実はこのトルガウ城の礼拝堂が宗教改革になってから建てられた最初の礼拝堂として知られており、建築の際にはルターは選帝侯の求めに応じていろいろ助言したことが知られている。その建築の基本理念は「そこにおいてわれわれの愛する主ご自身がわれわれと語り、われわれもわれわれの祈りと賛美をもって主と語る」ということである。「イエス・キリストについて」の1533年の説教が宮廷礼拝堂として具体化したとも言えるであろう。聖壇と説教壇、すなわち、聖餐と説教、この二つを中心とした、ほとんど装飾のない礼拝堂である(図版3参照)。

図3　トルガウの宮廷礼拝堂

説教それ自体は使徒信条第２項を三つに分けて、イエス・キリストの受肉、地上の生涯、復活をそれぞれの主題にしており、それに対するわれわれの信仰と生き方を示している。既に50歳になっていたルターが――当時の推定平均寿命40歳を考えると――キリストの復活に即して、信仰者の「復活の日に向けた」信頼と生とを語っているのもまた印象的である。全体を流れる信仰的なキリスト理解、福音理解はルター晩年のそれとして、同時期の他の説教や聖書講解と一致している（私自身が最近邦訳した『イザヤ53章講解』や『ヨハネ第３、４章説教』などと比べていただきたい）。全体を通してルターが伝えようとしている点は以下のとおりと読んだ。

① イエス・キリストは神であって、同時に人であるという、初代教会、カルケドンの決定を受容するばかりでなく、これを徹底して信仰的に受け止めている。

② このキリストが「われわれの主」と告白されるということは、「われわれのための主」であることを告白することにほかならないと強調する。

③ キリストは人としてのその誕生から、生涯にわたり、苦難と十字架の死に至るまで、罪を除いてすべての点で人間と同じであられたが、そうあることによって人間の生に関わるすべてのものを清めてくださったのである。

④ こうして復活のキリストは信じる者の復活に道を開かれたので、信じる者はその希望において生を生きることができるが、その復活はキリストの復活によって今既に半分以上実現している。

⑤ こうしたすべてのことは理性によってとらえ、理解すること

はできず、信仰によって単純に受け入れられ、信じられうるのみである。

ルターの単純で、率直な福音メッセージをわれわれもここでしっかりと聴き取りたいものである。

---

i　このテーマに関して詳しい最近の研究のひとつは、Mark U. Edwards, Jr., Printing, Propaganda, and Martin Luther, 1994である。この指摘はその p.15。以下も同様に参照頁を示す。

ii　ルター生存中のルター著作出版の所在を確認し、初版のみでなく重版や、諸訳(たとえば低地ドイツ語、オランダ語、ラテン語などへの)を含めてリスト化したものは、Josef Benzing, Helmut Claus, Lutherbibliographie. Verzeichnis der gedruckten Schriften Martin Luthers bis zu dessen Tod, 2 Bde, 2.Auflage, 1989である。Bd.1は初版の発行年順にルター著作を挙げて、それぞれ重版や諸訳を列記している。Bd.2はルター訳聖書の発行状況に頁を割いているが、巻末には①印刷所毎のルター著作の発行年(394–418)、②都市毎の印刷所(419–423)を一覧にしている。

iii　ibid. Bd.1、ルター訳聖書以外のものについて数え上げている数である。

iv　Edwards, p.18ff.　総点数で Benzing と差があるのは、数え方の違いもあろうが、これには諸訳が含まれないからである。

v　ibid. p.26

vi　Benzing, Bd.1, S.87-92

vii　ibid. S.357

イエス・キリストについて（1533年）　復刻版と訳

2010年7月10日　初版発行

訳　者　徳善義和
発行者　渡部　満
発行所　株式会社　教文館
〒104-0061　東京都中央区銀座 4–5–1
電話 03–3561–5549　FAX 03–5250–5107
URL http://www.kyobunkwan.co.jp/Publish/

印刷所　河北印刷株式会社

配給元　日キ販　東京都新宿区新小川町 9–1　電話 03–3260–5637　FAX 03–3260–5637
ISBN 978–4–7642–7314–6